KB007766

하루 3번
여행영어
3단계
3분간 집중!

333 여행영어

초판 1쇄 인쇄 2024년 9월 12일
초판 1쇄 발행 2024년 9월 21일

지은이	AI편집부
발행인	임충배
홍보/마케팅	양경자
편집	김인숙, 왕혜영
디자인	정은진
펴낸곳	도서출판 삼육오(PUB.365)
제작	(주)피앤엠123

출판신고 2014년 4월 3일
등록번호 제406-2014-000035호

경기도 파주시 산남로 183-25
TEL 031-946-3196 / FAX 031-946-3171
홈페이지 www.pub365.co.kr

ISBN 979-11-92431-76-5 13740
© 2024 AI편집부 & PUB.365

· 저자와 출판사의 허락 없이 내용 일부를 인용하거나 발췌하는 것을 금합니다.
· 저자와의 협의에 의하여 인지는 붙이지 않습니다.
· 가격은 뒤표지에 있습니다.
· 잘못 만들어진 책은 구입처에서 바꾸어 드립니다.

하루 3번 여행영어 3단계 3분간 집중!

저자 AI편집부

PUB 3 육오

머리말

여행을 떠난다는 것은 단순히 새로운 장소를 방문하는 것을 넘어, 다른 문화와 언어를 경험하는 의미를 가집니다. 우리가 흔히 접하는 영어는 일상적인 대화나 학교에서 배운 교과서적인 표현에 국한되지만, 실제 여행에서는 전혀 다른 환경과 상황에서 영어를 사용하게 됩니다. 기내에서의 좌석 문제, 공항에서의 출입국 심사, 현지에서의 대중교통 이용 등, 순간의 당황스러움이 여행의 기쁨을 반감시키기도 합니다.

여러분이 이 책을 펼치게 된 것은 아마도 그와 같은 상황들을 조금 더 편안하게 맞이하고자 하는 바람 때문일 것입니다. 『3-3-3 여행영어』는 바로 그러한 여행자들을 위한 실용적이고 효과적인 영어 학습 도서입니다. 하루에 딱 3번, 3단계로, 3분간 집중해서 학습하는 이 방법은 바쁜 일상 속에서도 여행 준비를 할 수 있도록 설계되었습니다.

이 책은 비행기 탑승부터 귀국까지, 여행 중에 마주할 수 있는 다양한 상황을 모두 아우르고 있습니다. 그저 우리말 뜻에 맞게 외워야 하는 문장이 아니라, 실제 상황에서 어떠한 뉘앙스로 사용되는지를 이해하고 응용할 수 있도록 돕는 것이 이 책의 목표입니다. 초보자도 쉽게 따라 할 수 있는 기초적인 문장 패턴부터 시작하여, 상황별로 필요한 표현을 자연스럽게 익히게 됩니다.

특히, 이 책은 여러분이 실제로 여행 중에 맞닥뜨릴 수 있는 10가지 주요 상황을 중심으로 구성되어 있습니다. 기내, 공항, 교통수단, 호텔, 쇼핑, 식당, 관광지, 거리, 건강, 긴급 상황 등, 각각의 상황에서 어떤 영어가 필요할지 미리 대비할 수 있습니다. 이를 통해 여행지에서 겪을 수 있는 불안감을 줄이고, 더욱 자신감 있게 여행을 즐길 수 있을 것입니다.

해외여행을 계획 중이신가요? 여행 중 마주할 다양한 상황에 대비하고 싶으신가요? 『3-3-3 여행영어』는 여러분의 여행이 보다 편안해지고 쉬워지도록 도울 것입니다. 이 책과 함께라면 여러분의 여행이 더욱 풍요롭고 기억에 남을 것입니다. 지금 바로, 영어의 여행을 시작해 보세요.

목차

목차

PART 05

쇼핑

PART 06

식당

PART 07

관광지

PART 08

거리

PART 09

병원/건강

PART 10

긴급 상황

자료 다운로드

홈페이지 www.pub365.com에서 패턴, 예문, 다이얼로그 MP3 무료 다운로드

학습방법

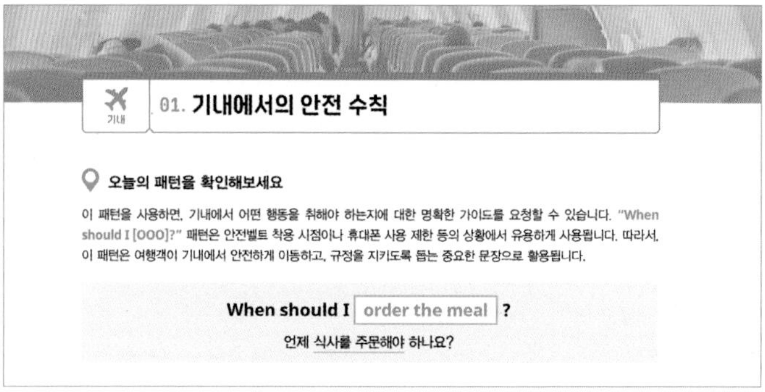

기내

01. 기내에서의 안전 수칙

오늘의 패턴을 확인해보세요

이 패턴을 사용하면, 기내에서 어떤 행동을 취해야 하는지에 대한 명확한 가이드를 요청할 수 있습니다. "When should I [OOO]?" 패턴은 안전벨트 착용 시점이나 휴대폰 사용 제한 등의 상황에서 유용하게 사용됩니다. 따라서, 이 패턴은 여행객이 기내에서 안전하게 이동하고, 규정을 지키도록 돕는 중요한 문장으로 활용됩니다.

When should I order the meal ?

언제 식사를 주문해야 하나요?

01

오늘의 상황과 패턴을 확인해주세요. 각 주제별로 흔히 마주칠 수 있는 상황을 선정하였습니다. 패턴 문장이 어떤 의미와 뉘앙스로 그 상황에서 유용하게 사용될 수 있는지 확인해보세요.

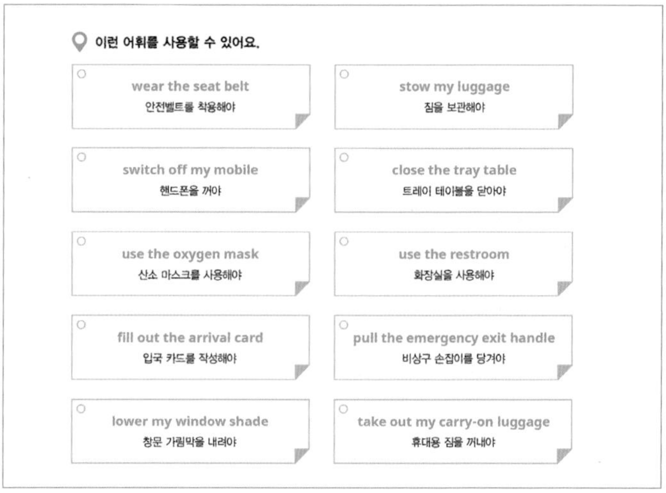

이런 어휘를 사용할 수 있어요.

wear the seat belt
안전벨트를 착용해야

stow my luggage
짐을 보관해야

switch off my mobile
핸드폰을 꺼야

close the tray table
트레이 테이블을 닫아야

use the oxygen mask
산소 마스크를 사용해야

use the restroom
화장실을 사용해야

fill out the arrival card
입국 카드를 작성해야

pull the emergency exit handle
비상구 손잡이를 당겨야

lower my window shade
창문 가림막을 내려야

take out my carry-on luggage
휴대용 짐을 꺼내야

02

오늘의 패턴을 이용하여 다양한 문장을 만들 수 있습니다. 카드 모양과 일치하는 어휘를 활용하여 다양한 문장을 말해보세요. 내가 원하는 문장까지 말할 수 있을 때까지 연습해봅니다. 문장을 제대로 말했는지 궁금하다면, mp3 파일로 확인하실 수 있습니다.

* 도서출판 삼육오 (pub365.co.kr)에서 mp3 무료 다운로드

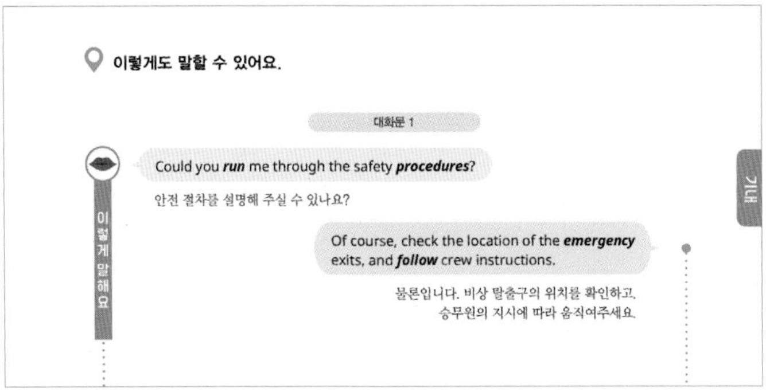
이렇게도 말할 수 있어요.

대화문 1

이렇게 말해요

Could you ***run*** me through the safety ***procedures***?

안전 절차를 설명해 주실 수 있나요?

Of course, check the location of the ***emergency*** exits, and ***follow*** crew instructions.

물론입니다. 비상 탈출구의 위치를 확인하고, 승무원의 지시에 따라 움직여주세요.

기내

03

어휘와 표현, 패턴을 학습했다면, 이제 실질적인 대화 능력을 길러야겠죠? 다양한 상황에서 이루어지는 대화문을 통해 어떻게 들을지 예상해 보고, 어떻게 말할지 미리 연습해 봅니다.

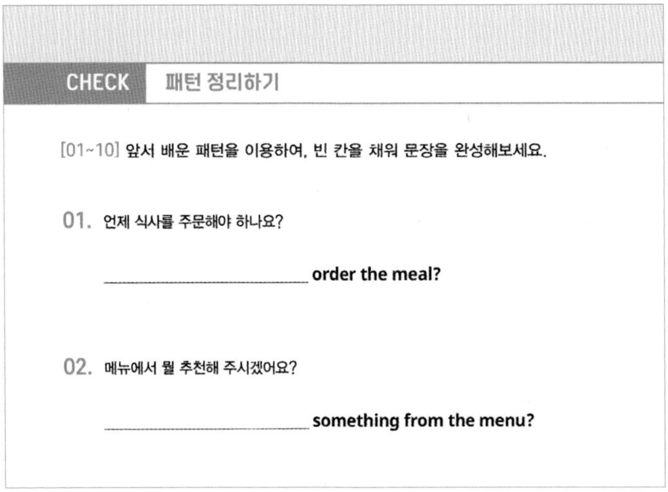
CHECK 패턴 정리하기

[01~10] 앞서 배운 패턴을 이용하여, 빈 칸을 채워 문장을 완성해보세요.

01. 언제 식사를 주문해야 하나요?

______________ **order the meal?**

02. 메뉴에서 뭘 추천해 주시겠어요?

______________ **something from the menu?**

04

각 주제별로 10가지 상황을 다 학습했다면, 복습을 통해 패턴을 다시 한번 정리합니다. 꼭 암기해야 하는 패턴이 문제로 만들어졌으니, 꼭 복습을 해보세요!

여행 전 필수 패턴

여러분은 이제부터 여행에서 유용하게 사용할 수 있는 다양한 문장들을 배우게 될 텐데요. 본격적으로 공부하기 앞서 기본적으로 알아두면 좋은 필수 패턴 10개를 먼저 살펴보도록 하겠습니다. 이 패턴들은 완벽하고 세련된 문장이 아니어도 기본적인 의사소통에 유용하게 사용할 수 있답니다.

01. 요청할 때 쓰는 필수 패턴 Please

기내, 쇼핑, 호텔, 식당, 카페 등에서 무엇을 요청할 때 사용 가능합니다. 요청하는 내용 뒤에 간단하게 please만 사용하면 됩니다. 기본적으로 please는 "~해 주세요"라는 의미이지만, 상황에 따라 다양한 뜻으로 쓰일 수 있습니다.

- Beef, please. 소고기 주세요.
- Morning Call, please. 모닝콜 부탁합니다.
- Another one, please. 다른 거 보여주세요.

02. 원하는 것을 말할 때 쓰는 필수 패턴 I want

내가 원하는 것이나 하고 싶은 것을 말할 때 사용합니다. I want 뒤에 원하는 것을 말하면 되는데요, 주의할 점은 동사를 사용하는 경우, 반드시 to를 사용해야 합니다. 이때 I want to는 [아이 워너]로 발음해주면 훨씬 더 자연스럽고 부드러워집니다.

- I want orange juice. 오렌지 주스를 원해요.
- I want to rent a car. 차를 렌트하고 싶어요. (*발음 [아이 워너 렌터 카-ㄹ])

03. 나의 결정을 말할 때 쓰는 필수 패턴 I'll have

장거리 여행 중 기내에서 어떤 음식을 먹을 것인지 정해야 하는 순간이 있죠. 또 식당이나 카페에서도 메뉴를 결정해야 하는 순간도 있습니다. 물건을 살 때도 결정이 필요합니다. 이런 순간에 쉽게 쓸 수 있는 패턴입니다. I'll have 뒤에 결정한 내용을 바로 말해주면 됩니다. 발음이 조금 어려울 수 있는데요. 축약된 will을 거의 발음하지 않는 느낌으로 [아울 해브]라고 하면 됩니다.

- I'll have beef. 소고기로 할게요.
- I'll have a hot americano. 뜨거운 아메리카노 한 잔 주세요.
- I'll have this shirt. 이 셔츠로 할게요.

04. 허락을 구할 때 쓰는 필수 패턴 Can I ~?

여행 중에 내가 이걸 해도 되는지 확인이 필요한 순간이 반드시 있지요. 관광지에서 사진을 찍어도 되는지, 빈 자리에 앉아도 되는지, 화장실을 사용해도 되는지 등 다양한 상황들이 있습니다. 이때 Can I ~? 패턴을 이용하시면 됩니다. 다음에 동사원형이 이어진다는 거 꼭 기억하세요!

- Can I take a picture? 사진 찍어도 되나요?
- Can I sit here? 여기 앉아도 되나요?
- Can I use the bathroom? 화장실 써도 되나요?

05. 내가 필요한 것을 해달라고 공손하게 요청할 때 쓰는 필수 패턴 Could you please ~?

여행을 하다 보면, 상대방에게 내가 필요한 것을 해달라고 요청하는 순간이 반드시 있습니다. 앞서 배운 Please를 이용할 수도 있겠지만, 아무래도 나를 위해 무언가를 해줘야 하는 상황이므로 공손하게 요청하는 것이 좋겠죠. 말 그대로 "나를 위해" 부탁하는 것이므로 for me를 문장 끝에 붙여주면 좋습니다.

- Could you please watch my bag (for me)? 제 가방 좀 봐주시겠어요?
- Could you please step aside (for me)? 옆으로 좀 비켜주시겠어요?
- Could you please show me another one (for me)? 다른 것 좀 보여주시겠어요?

06. 있는지 없는지 확인할 때 쓰는 필수 패턴 Is/Are there ~?

기본적으로 "~가 있나요?"라는 의미를 가지고 있는 패턴입니다. 호텔에서 부대시설이 있는지, 쇼핑할 때 할인이 있는지, 비행편이나 좌석이 가능한지 등을 확인할 때 사용할 수 있습니다. 묻고자 하는 것이 단수이거나 셀 수 없는 것이라면 Is there ~?을 사용하고, 복수이면 Are there ~?을 사용하면 됩니다.

- Is there a swimming pool? 수영장이 있나요?
- Is there any discount? 할인이 가능한가요?
- Are there any seats left? 좌석 남은 것 있나요?

07. 위치를 물어볼 때 쓰는 필수 패턴 Where is ~?

관광지나 거리에서 내가 가고자 하는 위치를 물을 때 사용합니다. 또는 찾고자 하는 물건의 위치를 물을 때도 사용할 수 있습니다.

- Where is the ABC hotel? ABC 호텔이 어디에 있나요?
- Where is the remote control? 리모컨은 어디에 있나요?
- Where is my seat? 내 자리는 어디인가요?

08. 가격을 물어볼 때 쓰는 필수 패턴 How much

여행 중이라면 돈을 지불하는 상황은 반드시 만나게 되어 있습니다. 쇼핑 중 물건을 사거나, 호텔에서 체크아웃을 하거나, 식당에서 음식을 먹은 후 반드시 계산을 해야 하죠. 내가 구매한 물건이나 이용한 서비스의 가격을 확인할 때 이 패턴을 이용할 수 있습니다. How many는 개수를 묻는 질문이므로 혼동하지 않도록 합니다.

- How much is this? 이것은 얼마예요?
- How much is it for three? 3개에 얼마예요?
- How much is to the ABC Hotel? (택시를 탄 상황) ABC 호텔까지 얼마예요?

09. 걸리는 시간을 확인할 때 쓰는 필수 패턴 How long

이동하는데 걸리는 시간이나 앞으로 기다려야 하는 시간, 관람할 경기나 쇼 등이 지속되는 시간 등 걸리는 시간을 확인해야 하는 상황도 많이 만나게 됩니다. 이때 유용하게 사용할 수 있는 패턴입니다.

- How long does it take (to get there)? (거기 가는데) 얼마나 걸리나요?
- How long does the show last? 그 쇼는 얼마 동안 계속되죠?
- How long is the wait? 얼마나 기다려야 하죠?

10. 이용할 시간을 물을 때 쓰는 필수 패턴 What time

현재 시간을 물어보는 것은 물론 교통이나 서비스 등의 이용 시간을 물을 때 사용합니다. How long과 혼동하지 않도록 주의합니다.

- What time is checkout? (호텔에서) 체크아웃은 몇 시인가요?
- What time do you open? 몇 시에 문을 여나요?
- What time does the show start? 그 쇼는 몇 시에 시작하나요?

MEMO

PART 01

기내

MP3

기내

01. 기내에서의 안전 수칙

오늘의 패턴을 확인해보세요

이 패턴을 사용하면, 기내에서 어떤 행동을 취해야 하는지에 대한 명확한 가이드를 요청할 수 있습니다. **"When should I [OOO]?"** 패턴은 안전벨트 착용 시점이나 휴대폰 사용 제한 등의 상황에서 유용하게 사용됩니다. 따라서, 이 패턴은 여행객이 기내에서 안전하게 이동하고, 규정을 지키도록 돕는 중요한 문장으로 활용됩니다.

When should I order the meal **?**

언제 식사를 주문해야 하나요?

이런 어휘를 사용할 수 있어요.

- wear the seat belt
  안전벨트를 착용해야
- stow my luggage
  짐을 보관해야
- switch off my mobile
  핸드폰을 꺼야
- close the tray table
  트레이 테이블을 닫아야
- use the oxygen mask
  산소 마스크를 사용해야
- use the restroom
  화장실을 사용해야
- fill out the arrival card
  입국 카드를 작성해야
- pull the emergency exit handle
  비상구 손잡이를 당겨야
- lower my window shade
  창문 가림막을 내려야
- take out my carry-on luggage
  휴대용 짐을 꺼내야

이렇게도 말할 수 있어요.

이렇게 말해요

대화문 1

Could you ***run*** me through the safety ***procedures***?

안전 절차를 설명해 주실 수 있나요?

Of course, check the location of the ***emergency*** exits, and ***follow*** crew instructions.

물론입니다. 비상 탈출구의 위치를 확인하고, 승무원의 지시에 따라 움직여주세요.

대화문 2

Could you show me how to ***fasten*** the seatbelt?

안전벨트 매는 방법을 보여주시겠어요?

Sure, I'll show you. It's ***easy***!

물론이죠. 보여드릴게요. 간단해요!

대화문 3

What should I do in case of ***turbulence***?

급격한 기류가 발생했을 때 어떻게 해야 하나요?

Please ***remain*** seated and keep your seatbelt fastened until the turbulence subsides.

기류가 가라앉을 때까지 안전벨트를 착용한 채로 좌석에 앉아 계시기 바랍니다.

이렇게 들어요

단어

run (v) 달리다, 수행하다 | procedures (n) 절차 | emergency (n) 비상 | follow (v) 따르다 | fasten (v) 매다 | easy (adj.) 쉬운 | turbulence (n) 난기류 | remain (v) 남다, 유지하다

기내

02. 식사 선택 및 주문

오늘의 패턴을 확인해보세요

이 패턴을 사용하면, 누군가에게 식사나 메뉴를 추천하도록 요청할 수 있습니다. **"Can you recommend [OOO]?"** 패턴은 새로운 장소를 가보거나 새로운 것을 체험할 때 필요합니다. 예를 들면 식사 선택과 주문, 관광지 선택, 숙박 시설 선택 등 다양한 상황에서 유용하게 사용됩니다. 특히 기내에서는 승무원이 메뉴를 추천해 줄 수 있어 이 표현이 유용하게 쓰일 수 있습니다.

Can you recommend a must-try dish **?**

꼭 먹어봐야 하는 요리를 추천해 주시겠어요?

이런 어휘를 사용할 수 있어요.

a special dish 특별한 요리	a local favorite 현지인이 좋아하는 음식
a vegetarian option 채식 메뉴	a popular dessert 인기 있는 디저트
a light meal 가벼운 식사	a traditional dish 전통적인 음식
a signature dish 대표 요리	a special drink 특별한 음료
a unique menu item 독특한 메뉴	a tasty dish 맛있는 요리

이렇게도 말할 수 있어요.

대화문 1

이렇게 말해요

Can you ***recommend*** something from the ***menu***?

메뉴에서 뭘 추천해 주시겠어요?

Sure! How about the ***seafood*** pasta?

네! 해산물 파스타 어떠세요?

대화문 2

Can I have the ***chicken***, please?

치킨으로 주문해도 될까요?

Sure, here's your ***meal***.

물론이죠. 여기요.

대화문 3

Is there a ***vegetarian option***?

채식 옵션이 있나요?

이렇게 들어요

Yes, we have a vegetarian meal ***available***.

네. 채식 식사가 가능합니다.

단어

recommend (v) 추천하다 | menu (n) 메뉴 | seafood (n) 해산물 | chicken (n) 치킨 | meal (n) 식사 | vegetarian (adj.) 채식주의자의 | option (n) 선택, 옵션 | available (adj.) 이용할 수 있는

기내

03. 승무원과의 대화

오늘의 패턴을 확인해보세요

이 패턴을 사용하면, 어떤 것을 매우 정중하게 부탁하거나 요청할 수 있습니다. **"Could I have [ooo], please?"** 패턴은 여행 중 필요한 물품이나 서비스를 요청할 때 흔히 사용됩니다. 특히 기내에서는 음료나 먹거리, 기타 서비스 등 필요한 것을 공손하게 요청하는데 이 패턴이 도움이 됩니다.

Could I have [a glass of water] **, please ?**

물 한 잔 가져다주실 수 있나요?

이런 어휘를 사용할 수 있어요.

a cup of coffee 커피 한 잔	a blanket 담요 한 장
a pillow 베개 한 개	an orange juice 오렌지 주스 한 잔
a pen 펜 하나	a napkin 냅킨 한 장
a bottle of water 물 한 병	a fork 포크 하나
a menu 메뉴판	a newspaper 신문 한 개

이렇게도 말할 수 있어요.

대화문 1

이렇게 말해요

Could I have some ***water***, please?

물 좀 가져다주실 수 있나요?

Of course! I'll get that for you ***right away***.

물론입니다. 바로 가져다 드리겠습니다.

대화문 2

Excuse me, can I ***get*** a ***blanket***?

실례합니다. 담요 한 장 받을 수 있을까요?

Of course, I'll ***bring*** one for you right away.

물론입니다. 바로 하나 가져다 드리겠습니다.

이렇게 들어요

대화문 3

Excuse me, where is the ***restroom***?

실례합니다. 화장실은 어디에 있나요?

It'***s located*** at the ***back*** of the plane.

비행기 뒤쪽에 있습니다.

단어

water ⓝ 물 | right away (adv.) 즉시, 바로 | get ⓥ 가져오다 | blanket ⓝ 이불 | bring ⓥ 가져오다 | restroom ⓝ 화장실 | be located ⓥ ~에 위치하다 | back ⓝ 뒤쪽

기내

04. 기내 엔터테인먼트 사용

오늘의 패턴을 확인해보세요

이 패턴을 사용하면, 승객은 기내 엔터테인먼트 시스템의 사용 방법을 알 수 있습니다. "How can I use [OOO]?" 패턴은 승객이 기내에서 제공되는 다양한 엔터테인먼트 옵션을 쉽게 활용하기 위해 필요합니다. 영화 재생, 음악 감상, 게임 플레이 등 다양한 것에 대해 물을 수 있습니다. 특히 기내에서는 승무원이 엔터테인먼트 시스템의 특별한 기능이나 사용법에 대한 안내를 해 줄 수 있어, 이 패턴이 많은 도움이 될 것입니다.

How can I use the in-flight entertainment system **?**

기내 엔터테인먼트 시스템은 어떻게 사용하나요?

이런 어휘를 사용할 수 있어요.

- the in-flight Wi-Fi
  기내 와이파이
- the movie selection system
  영화 선택 시스템
- the in-flight shopping service
  기내 쇼핑 서비스
- the audio entertainment system
  오디오 엔터테인먼트 시스템
- the meal ordering system
  식사 주문 시스템
- the seat adjustment controls
  좌석 조정 컨트롤
- the in-flight gaming system
  기내 게임 시스템
- the charging ports
  충전 포트
- the overhead lights
  상부 조명
- the lavatory facilities
  세면 시설

이렇게도 말할 수 있어요.

대화문 1

How can I use the in-flight ***entertainment*** system?

기내 엔터테인먼트 시스템은 어떻게 사용하나요?

It's ***simple***, first let's take a look at the ***main menu***.

간단해요! 먼저, 메인 메뉴를 보세요.

대화문 2

How do I watch movies on this flight?

이 비행기에서 영화는 어떻게 봐요?

The ***screen*** in front of you is a ***touch*** screen.
Just ***select*** a movie and ***enjoy***!

앞에 있는 스크린은 터치 스크린이에요.
원하는 영화를 선택하고 즐기세요!

대화문 3

Excuse me, is there a remote control for the TV?

실례합니다. TV 리모컨이 있나요?

Yes, the remote control is in the seat pocket in front of you.

네, 리모컨은 앞쪽 좌석 포켓에 있습니다.

이렇게 말해요

이렇게 들어요

기내

단어

entertainment (n) 엔터테인먼트 | simple (adv.) 간단한 | main (adj.) 주요한 | menu (n) 메뉴 |
screen (n) 화면 | touch (v) 만지다 | select (v) 선택하다 | enjoy (v) 즐기다

기내

05. 편안한 여행을 위한 요청

오늘의 패턴을 확인해보세요

이 패턴을 사용하면, 여행하는 동안 자신의 상황을 개선하거나 조정할 수 있는 방법에 대해 물어볼 수 있습니다. 비행기 안에서 자리가 불편하다면, **"Could I be moved to [ooo]?"**라는 패턴을 이용하여, 좀 더 편안한 좌석으로 옮겨달라는 요청을 할 수 있습니다.

Could I be moved to a different seat **?**

다른 좌석으로 옮겨도 될까요?

이런 어휘를 사용할 수 있어요.

- a different section of the cabin
  다른 기내 구역
- a window seat
  창가 좌석
- an aisle seat for more legroom
  다리 공간이 더 넓은 통로 좌석
- a seat closer to the front of the plane
  비행기 앞쪽에 더 가까운 좌석
- a seat away from the engine noise
  엔진 소음에서 떨어져 있는 좌석
- a seat with a better view of the scenery
  경치를 더 잘 볼 수 있는 좌석
- a seat with easier access to the restroom
  화장실에 더 쉽게 접근할 수 있는 좌석
- a seat with a better overhead storage space
  더 좋은 위쪽 수납 공간이 있는 좌석
- a seat with a power outlet
  전원 콘센트가 있는 좌석
- a seat with extra legroom for more comfort
  편안하게 다리 공간이 여유가 있는 좌석

이렇게도 말할 수 있어요.

대화문 1

이렇게 말해요

Could I be ***moved*** to a different ***seat***?

다른 좌석으로 옮겨도 될까요?

Of course, let me check if it's ***possible***.
Could you please wait a ***moment***?

물론이죠, 좌석이 있는지 확인해보겠습니다.
잠시만 기다려 주시겠어요?

대화문 2

Excuse me, can I have an ***extra pillow***?

실례합니다. 베개 하나 더 받을 수 있을까요?

Of course, I'll bring one for you right away.

물론입니다. 곧바로 하나 가져다 드리겠습니다.

대화문 3

Is it possible to ***change*** seats?

좌석을 바꿀 수 있을까요?

이렇게 들어요

I'm sorry, but all seats are currently ***occupied***.

죄송합니다만, 현재 모든 좌석이 차있습니다.

단어

move (v) 옮기다 | seat (n) 좌석 | possible (adj.) 가능한 | moment (n) 순간 | extra (adj.) 추가의 | pillow (n) 베개 | change (v) 바꾸다 | occupied (adj.) 차있는

기내

06. 비행기 지연 및 취소

오늘의 패턴을 확인해보세요

이 패턴을 사용하면, 필요한 정보를 효과적으로 요청할 수 있습니다. **"Do you have any information about [OOO]?"**라는 패턴은 비행 지연과 같은 특정한 사항에 대한 정보를 요청하는 데 적합합니다. 예를 들어, 비행기가 지연되었을 때, 이 패턴을 사용하여 비행기의 도착 예정 시간이나 비행 상태에 대한 정보를 물어볼 수 있습니다.

Do you have any information about [the flight diversion] ?

비행기 경로 변경에 대한 정보가 있으신가요?

이런 어휘를 사용할 수 있어요.

- **the flight delay** 비행기 지연
- **the cancellation** 취소
- **the departure delay** 출발 지연
- **the arrival delay** 도착 지연
- **the rescheduling** 일정 변경
- **the alternate flight** 대체 항공편
- **the delay announcement** 지연 안내
- **the flight cancellation policy** 항공편 결항 정책
- **the delay compensation** 지연 보상
- **the flight rerouting** 항공편 재경로 설정

이렇게도 말할 수 있어요.

대화문 1

이렇게 말해요

Do you have any ***information*** about the flight ***delay***?

비행기 지연에 대한 정보를 알 수 있을까요?

I ***apologize*** for the ***inconvenience***.
Yes, we have a slight delay due to air traffic ***congestion***.

불편을 드려 죄송합니다.
네, 공항의 항공기 교통량이 많아서 약간의 지연이 있습니다.

대화문 2

Is the flight delayed?

항공편이 지연되었나요?

Yes, it's delayed by one hour.

네, 한 시간 늦어졌습니다.

이렇게 들어요

대화문 3

What should I do if the flight is ***canceled***?

항공편이 취소되면 어떻게 해야 하나요?

You can go to the airline's ***counter*** for ***assistance***.

항공사의 체크인 카운터에서 도움을 받으실 수 있습니다.

단어

information ⓝ 정보 | delay ⓝ 지연 | apologize ⓥ 사과하다 | inconvenience ⓝ 불편 | congestion ⓝ 혼잡 | be canceled ⓥ 취소되다 | counter ⓝ 카운터 | assistance ⓝ 도움

기내

07. 특별 요청 (서비스, 물건 등)

오늘의 패턴을 확인해보세요

이 패턴을 사용하면, 기내에서 필요한 특별한 서비스나 물건을 요청할 수 있습니다. **"Could I get [OOO]?"** 패턴에서 'OOO'은 베개, 담요, 음료 등 다양한 항목에 적용될 수 있습니다. 기내에서 승무원은 승객의 요청에 따라 원하는 항목을 제공해 줄 것입니다. 따라서, 이 패턴은 승객이 여행 중에 필요한 물건이나 서비스를 쉽게 얻을 수 있게 돕습니다.

Could I get a refill on my coffee, please **?**

커피를 리필해 주실 수 있나요?

이런 어휘를 사용할 수 있어요.

different eye mask 다른 안대	different newspaper 다른 신문
a different pair of earplugs 다른 귀마개	a motion sickness pill 멀미약
another drink 다른 음료수	a toothpick 이쑤시개
some wet wipes 물티슈	another pillow 다른 베개
some more water 물을 좀 더	another beer 맥주 한 잔 더

이렇게도 말할 수 있어요.

이렇게 말해요

대화문 1

Could I get a ***motion sickness pill***?

멀미약을 주실 수 있을까요?

Of course! I'll ***bring*** one right away.
Please wait a moment.

물론이죠! 바로 가져다 드리겠습니다.
잠시만 기다려주세요.

대화문 2

Could I get a different ***newspaper***?

다른 신문을 주실 수 있을까요?

Certainly! We have several ***options*** available.
I'll bring you another one.

물론입니다! 여러 종류가 있으니 다른 걸로 가져다 드릴게요.

대화문 3

Could I get another ***beer***?

맥주 한 잔 더 주실 수 있을까요?

이렇게 들어요

Sure! I'll get you ***another*** one right now.

네! 바로 한 잔 더 가져다 드리겠습니다.

단어

motion sickness (n) 멀미 | pill (n) 알약 | bring (v) 가져오다 | newspaper (n) 신문 |
certainly (adv.) 물론이죠 | option (n) 선택사항 | beer (n) 맥주 | another (adj.) 또 다른

기내

08. 비상 상황에서 도움 요청

오늘의 패턴을 확인해보세요

이 패턴을 사용하면, 특정한 상황에서 도움을 요청하는 방법을 물을 수 있습니다. "Is there a way to request [OOO]?" 패턴은 주로 필요한 서비스, 물품, 정보 등에 대해 요청하는 방법을 알고 싶을 때 사용합니다. 어떤 경우에는 비상 상황에서의 도움 요청 방법도 물어볼 수 있습니다.

Is there a way to request [assistance] ?

도움을 요청하는 방법이 있을까요?

이런 어휘를 사용할 수 있어요.

- extra blankets
  추가 담요
- a different seat
  다른 좌석
- a vegetarian meal
  채식 식사
- a wheelchair
  휠체어
- a baby bassinet
  유아용 침대
- assistance with my luggage
  수하물 관련 도움
- assistance with immigration procedures
  출입국 절차 도움
- assistance with customs clearance
  세관 절차 도움
- assistance with hotel reservations
  호텔 예약에 대한 도움
- assistance with language translation
  언어 번역 도움

이렇게도 말할 수 있어요.

이렇게 말해요

대화문 1

Is there a way to ***request*** assistance?

도움을 요청하는 방법이 있을까요?

Yes, you can ***press*** the call ***button*** above your seat for ***assistance***.

네, 도움이 필요하시면 좌석 위의 호출 버튼을 누르세요.

대화문 2

What should I do in case of an ***emergency***?

비상 상황에 어떻게 해야 하나요?

Please follow the ***instructions*** from the crew and stay ***calm***.

승무원의 지시에 따르시고 차분하게 있어주세요.

대화문 3

Is there a ***life vest*** under the seat?

좌석 아래에 구명조끼가 있나요?

Yes, there is a life vest under each seat.

네, 각 좌석 아래에 구명조끼가 있습니다.

이렇게 들어요

단어

request ⓥ 요청하다 | press ⓥ 누르다 | button ⓝ 버튼 | assistance ⓝ 도움 | emergency ⓝ 비상 상황 | instruction ⓝ 지시 | calm (adj.) 차분한 | life vest ⓝ 구명조끼

기내

09. 이동 및 화장실 사용

오늘의 패턴을 확인해보세요

이 패턴을 사용하면, 특정 행동에 대한 허락을 묻는 방법을 배울 수 있습니다. **"Is it okay if I [OOO]?"** 패턴은 특정 행동을 하기 전에 이것이 적절한지 또는 허용되는지 확인하고자 할 때 사용됩니다. 예문에서는 화장실 사용에 대한 허락을 묻고 있습니다.

Is it okay if I use the restroom now **?**

제가 지금 화장실을 사용해도 괜찮을까요?

이런 어휘를 사용할 수 있어요.

- move to another seat
  다른 좌석으로 이동해도
- use the lavatory now
  지금 화장실을 이용해도
- stretch my legs in the aisle
  복도에서 다리를 뻗어도
- recline my seat
  좌석을 뒤로 눕혀도
- take a walk to stretch
  조금 걸어 다니며 스트레칭해도
- store my luggage in the overhead compartment
  짐을 상단 수납함에 넣어도
- use my electronic devices during the flight
  비행 중에 전자기기를 사용해도
- adjust the air conditioning vent
  에어컨 통풍구를 조절해도
- change my seat to a window seat
  창가 좌석으로 변경해도
- rest my feet on the seat in front of me
  앞좌석에 발을 올려놓아도

이렇게도 말할 수 있어요.

대화문 1

이렇게 말해요

Is it okay if I use the ***restroom*** now?

지금 화장실을 사용해도 괜찮을까요?

Of course! The restroom ***is located*** at the ***back*** of the ***aircraft***.

물론이죠! 화장실은 비행기 뒷부분에 있습니다.

대화문 2

Excuse me, where is the restroom?

실례합니다. 화장실이 어디에 있나요?

It's located at the back of the plane.

비행기 뒷쪽에 있습니다.

대화문 3

How do I get to my ***seat***?

제 자리로 가려면 어떻게 하나요?

이렇게 들어요

Your seat is in ***row*** 10. Please go ***straight*** down the ***aisle*** to reach it.

당신의 좌석은 10번째 줄에 있습니다.
복도를 따라 내려가다 보면 있습니다.

단어

restroom (n) 화장실 | be located (v) ~에 위치하다 | back (n) 뒷부분 | aircraft (n) 비행기 | seat (n) 좌석 | row (n) 줄 | straight (adv.) 곧바로 | aisle (n) 복도

10. 착륙 및 이륙 시 대화

오늘의 패턴을 확인해보세요

이 패턴을 사용하면, 비행기의 착륙이나 이륙 시간에 대한 정보를 물을 수 있습니다. **"When will [OOO]?"** 패턴은 미래의 사건에 대한 정보를 요청하는데 사용됩니다. 여행 중 필요한 정보를 정확하고 명확하게 얻을 수 있습니다.

When will the plane land **?**

언제 비행기가 착륙할 예정인가요?

이런 어휘를 사용할 수 있어요.

- **we land** 우리가 착륙할
- **the plane take off** 비행기가 이륙할
- **the meal service begin** 식사 서비스가 시작될
- **the duty-free sales start** 면세 상품 판매가 시작될
- **the in-flight entertainment begin** 기내 엔터테인먼트가 시작될
- **the cabin lights be dimmed** 객실 조명이 어두워질
- **we reach cruising altitude** 우리가 순항 고도에 도달할
- **the lavatories be free** 화장실이 비어질
- **the cabin temperature be adjusted** 객실 온도가 조절될
- **the boarding process be complete** 탑승 절차가 완료될

이렇게도 말할 수 있어요.

이렇게 말해요

대화문 1

When will the plane ***land***?

언제 비행기가 착륙할 예정인가요?

We are ***scheduled*** to land in ***approximately*** 30 ***minutes***.

약 30분 후에 착륙 예정입니다.

대화문 2

Excuse me, do I have to keep my ***seatbelt*** on during landing?

실례합니다. 착륙 중에 안전벨트를 꼭 착용해야 되나요?

Yes, please keep your seatbelt ***fastened*** until the seatbelt sign turns off.

네, 안전벨트 표시등이 꺼질 때까지 안전벨트를 해제하지 말아주세요.

대화문 3

Is it okay to use my ***smartphone*** now?

지금 휴대전화를 사용해도 되는 건가요?

It's fine but please set it to ***airplane mode***.

괜찮습니다만, 비행기 모드로 설정해 주세요.

이렇게 들어요

단어

land ⓥ 착륙하다 ı be scheduled to ⓥ ~하기로 예정되어 있다 ı approximately (adv.) 대략 ı minute ⓝ 분 ı seatbelt ⓝ 안전벨트 ı fastened (adj.) 고정된 ı smartphone ⓝ 스마트폰 ı airplane mode ⓝ 비행기 모드

CHECK 패턴 정리하기

[01~10] 앞서 배운 패턴을 이용하여, 빈 칸을 채워 문장을 완성해보세요.

01. 언제 식사를 주문해야 하나요?

_______________ **order the meal?**

02. 메뉴에서 뭘 추천해 주시겠어요?

_______________ **something from the menu?**

03. 물 한 잔 가져다 주실 수 있나요?

_______________ **a glass of water, please?**

04. 기내 엔터테인먼트 시스템은 어떻게 사용하나요?

_______________ **the in-flight entertainment system?**

05. 다른 좌석으로 옮겨도 될까요?

_______________ **a different seat?**

정답

01. When should I
02. Can you recommend
03. Could I have
04. How can I use
05. Could I be moved to

06. 비행기 경로 변경에 대한 정보가 있으신가요?

________________ **the flight diversion?**

07. 커피를 리필해 주실 수 있나요?

________________ **a refill on my coffee, please?**

08. 도움을 요청하는 방법이 있을까요?

________________ **assistance?**

09. 지금 화장실을 사용해도 괜찮을까요?

________________ **use the restroom now?**

10. 언제 비행기가 착륙할 예정인가요?

________________ **the plane land?**

정답

06. Do you have any information about 07. Could I get 08. Is there a way to request
09. Is it okay if I 10. When will

PART 02

공항

MP3

01. 입국 심사 대화

오늘의 패턴을 확인해보세요

이 패턴을 사용하면, 어떤 검사를 받아야 하는지 확인하는데 도움이 됩니다. **"Do I need to go through [OOO]?"** 패턴은 주로 공항에서 실시하는 검사를 물을 때 사용됩니다. 입국 심사, 보안 검사, 세관 검사 등 여행 중에 다양한 검사에 관한 필요한 정보를 얻기 위해 이 패턴을 사용하게 됩니다.

Do I need to go through [a identity check] **?**

신분 확인 검사를 받아야 하는 건가요?

이런 어휘를 사용할 수 있어요.

customs 세관 검사	baggage screening 휴대품 검사
passport control 여권 심사	a security check 보안 검사
the immigration desk 출입국 심사	a body scan 신체 검사
a luggage inspection 수하물 검사	a quarantine check 검역 검사
a visa verification 비자 확인	a health screening 건강 검사

이렇게도 말할 수 있어요.

이렇게 말해요

이렇게 들어요

대화문 1

Do I need to go through ***passport control*** here?

여기서 여권 심사를 받아야 하는 건가요?

Yes, you'll need to go through passport control in this ***terminal***.

네, 이 터미널에서 여권 심사를 받으셔야 합니다.

대화문 2

Hello, how long can I ***stay*** in the country as a ***tourist***?

안녕하세요, 여행자로 이 나라에 얼마나 머물 수 있나요?

You can stay for up to 90 days without a ***visa***.

비자 없이 최대 90일까지 머물 수 있습니다.

대화문 3

What ***documents*** do I need to show for ***immigration***?

출입국 심사를 위해 어떤 서류를 제시해야 하나요?

You need to ***show*** your passport and visa.

여권과 비자를 제시하셔야 합니다.

단어

passport control ⓝ 여권 심사 | terminal ⓝ 터미널 | stay ⓥ 머무르다 | tourist ⓝ 여행자 | visa ⓝ 비자 | document ⓝ 서류 | immigration ⓝ 출입국 관리소 | show ⓥ 제시하다

공항

02. 체크인 및 보안 검색

오늘의 패턴을 확인해보세요

이 패턴을 사용하면, 공항 내에서 어떤 동작을 어디서 해야 하는지 확인할 수 있습니다. **"Where should I [OOO]?"** 패턴은 주로 공항에서 필요한 절차와 위치에 대한 정보를 요청하는 데 사용됩니다. 체크인 데스크 위치, 보안 검색 구역, 수하물 인도구역 등을 묻기 위해 이 패턴을 사용하게 됩니다. 따라서, 이 패턴은 공항에서의 이동을 원활하게 하기 위해 알아야 할 필수적인 표현입니다.

Where should I [check in] ?

어디서 체크인을 해야 하나요?

이런 어휘를 사용할 수 있어요.

check my luggage 제 수하물을 확인	present my passport 제 여권을 제출
collect my boarding pass 제 탑승권을 수령	go for the security check 보안 검사
declare my goods 물품 신고	wait for my flight 저의 항공편을 기다려야
report lost items 분실물 신고	proceed for immigration 출입국 심사
get my duty-free shopping 면세 쇼핑	inquire about my flight status 제 비행편 상태를 확인

이렇게도 말할 수 있어요.

대화문 1

이렇게 말해요

Where should I ***check in***?

어디서 체크인을 해야 하나요?

You can check in at the counters over there.

저쪽에 있는 카운터에서 체크인 하시면 됩니다.

대화문 2

Where is the check-in ***counter*** for my ***flight***?

저의 항공편 체크인 카운터가 어디에 있나요?

The check-in counter for your flight is located in ***Terminal*** 2.

귀하의 항공편 체크인 카운터는 2터미널에 있습니다.

대화문 3

Do I need to take off my shoes for the ***security*** check?

보안 검색을 위해 신발을 벗어야 하나요?

이렇게 들어요

Yes, please ***take off*** your ***shoes*** and ***place*** them in the bin.

네, 신발을 벗으시고 바구니에 넣어주세요.

단어

check in ⓥ 체크인하다 | counter ⓝ 카운터 | flight ⓝ 항공편 | terminal ⓝ 터미널 | security ⓝ 보안 | take off ⓥ 벗다 | shoes ⓝ 신발 | place ⓥ 놓다

공항

03. 티켓 및 보딩패스

오늘의 패턴을 확인해보세요

이 패턴을 사용하면, 공항 스태프에게 필요한 정보를 요청할 수 있습니다. **"Can you tell me [OOO]?"** 패턴은 주로 필요한 정보를 물어보는 데 사용됩니다. 승강장 번호, 출발 시간, 비행기의 좌석 배치 등에 대해 묻기 위해 이 패턴을 사용할 수 있습니다. 따라서, 이 패턴은 자신의 여행에 필요한 정보를 얻기 위해 필수적으로 알아야 할 표현입니다.

Can you tell me the boarding gate **?**

탑승구가 어디인지 알려주실 수 있나요?

이런 어휘를 사용할 수 있어요.

- the gate for my flight
  제 항공편의 탑승구를
- how to get to the baggage claim area
  수하물 찾는 곳에 가는 방법을
- where I can find a taxi stand
  택시 승강장이 어디에 있는지
- how to access the airport Wi-Fi network
  공항 Wi-Fi에 접속하는 방법을
- where I can exchange currency
  환전을 어디에서 하는지
- how to find the airport shuttle bus stop
  공항 셔틀 버스 정류장을 찾는 방법을
- where I can locate the information desk
  안내데스크가 어디에 있는지
- how to check the flight status
  항공편 상태를 확인하는 방법을
- where I can find a smoking area
  흡연 구역이 어디에 있는지
- where I can find a rental car service
  렌터카 서비스가 어디에 있는지

이렇게도 말할 수 있어요.

대화문 1

이렇게 말해요

Can you tell me the ***boarding gate***?

탑승구가 어디인지 알려주실 수 있나요?

Sure! Your boarding gate is Gate 15.

물론이죠! 탑승구는 15번 게이트입니다.

대화문 2

Excuse me, where can I get my ***boarding pass***?

실례합니다. 탑승권은 어디서 받아야 하나요?

You can get your boarding pass at the check-in counter or at the ***self-service kiosk***.

체크인 카운터나 셀프 서비스 키오스크에서 탑승권을 받으실 수 있습니다.

대화문 3

I can't ***find*** my ***ticket***. Can you help me?

티켓을 찾을 수 없어요. 도와주세요.

Sure, let's check your ***booking details*** together.

그러죠. 함께 예약 정보를 확인해 봅시다.

이렇게 들어요

단어

boarding gate (n) 탑승구 | boarding pass (n) 탑승권 | self-service (adj.) 셀프 서비스의 | kiosk (n) 키오스크 | find (v) 찾다 | ticket (n) 티켓 | booking detail (n) 예약 정보

공항

04. 수하물 문제 (분실, 과잉, 수하물 요금 등)

오늘의 패턴을 확인해보세요

이 패턴을 사용하면, 자신의 물건이나 서비스가 원활하게 이루어지지 않았을 때 이를 표현할 수 있습니다. "My [OOO] hasn't [OOO]." 패턴은 주로 공항에서 수하물이 도착하지 않았다거나, 비행기가 출발하지 않았다는 등의 상황을 설명하는 데 사용됩니다. 이렇게 복잡한 상황을 영어로 표현하려면, 이러한 패턴의 도움을 받게 됩니다. 따라서, 이 패턴은 문제 상황을 효과적으로 설명하고 해결하기 위해 알아야 할 중요한 표현입니다.

My [luggage] hasn't [arrived].

제 수하물이 도착하지 않았어요.

이런 어휘를 사용할 수 있어요.

suitcase / arrived
서류가방 / 도착하지

bag / been delivered
가방 / 배송되지

backpack / been returned
백팩 / 반환되지

luggage / been properly tagged
수하물 / 태그가 제대로 달려있지

luggage / been damaged
수하물 / 손상되지

bag / been handled properly
가방 / 제대로(잘) 다뤄지지

luggage / incurred any fees
수하물 / 추가 요금이 발생하지

suitcase / been tampered with
서류 가방 / 손상을 입지

bag / been lost
가방 / 분실되지

backpack / been touched by anyone else
백팩 / 누군가 건드리지

이렇게도 말할 수 있어요.

이렇게 말해요

대화문 1

My ***luggage*** hasn't arrived.

제 수하물이 아직 도착하지 않았어요.

I apologize for the ***inconvenience***.Could you please fill out this ***form*** with your luggage details, and we will ***track*** it for you.

불편을 드려 죄송합니다. 수하물 세부 정보를 이 양식에 기입해 주시겠어요? 저희가 추적해 드리겠습니다.

대화문 2

My luggage didn't arrive with my flight.
What should I do?

수하물이 항공편과 함께 도착하지 않았어요.
어떻게 해야 하나요?

Please go to the ***lost and found*** counter to ***report*** your missing luggage.

분실된 수하물 신고를 위해 분실물 보관소 카운터로 가주세요.

대화문 3

I have an ***extra*** bag.
How much is the excess baggage ***fee***?

가방이 하나 더 있어요.
초과 수하물 요금은 얼마인가요?

The excess baggage fee is $50.

초과 수하물 요금은 50달러입니다.

이렇게 들어요

단어

luggage (n) 수하물 | inconvenience (n) 불편 | form (n) 양식 | track (v) 추적하다 |
lost and found (n) 분실물 보관소 | report (v) 신고하다 | extra (adj.) 추가의 | fee (n) 요금

공항

05. 공항 내 시설 이용 및 방향 찾기

오늘의 패턴을 확인해보세요

이 패턴을 사용하면, 공항 내에서 특정 서비스나 시설을 찾는데 도움을 요청할 수 있습니다. "Where can I [OOO]?"라는 문장 패턴은 공항 내에서 필요한 시설이나 서비스의 위치를 물어볼 때 유용하게 사용할 수 있습니다. 따라서, 이 패턴은 공항 내에서 방향을 찾고 원활한 여행을 위해 필요한 시설을 이용하는 데 큰 도움이 됩니다.

Where can I [store my luggage] **?**

어디에서 제 수하물을 보관할 수 있나요?

이런 어휘를 사용할 수 있어요.

charge my phone
제 핸드폰을 충전할

find a restroom
화장실을 찾을

get a taxi
택시를 탈

exchange currency
환전을 할

grab a quick bite to eat
빨리 간단히 먹을 수 있는 것을 구할

find the baggage claim area
수하물 수취 장소를 찾을

rent a car
차를 렌트할

access Wi-Fi
Wi-Fi를 접속할

purchase a SIM card
SIM 카드를 구매할

inquire about flight information
항공편 정보를 문의할

이렇게도 말할 수 있어요.

대화문 1

Where can I ***charge*** my phone?

어디에서 휴대폰 충전을 할 수 있나요?

You can find charging stations near the ***waiting area*** and also at the ***gates***.

대기 장소 근처와 탑승구에서 충전 스테이션을 찾으실 수 있습니다.

대화문 2

Is there a ***currency exchange*** counter in the airport?

공항에 환전 카운터가 있나요?

Yes, there is a currency exchange counter near the ***main entrance***.

네, 중앙 출입구 근처에 환전 카운터가 있습니다.

대화문 3

Excuse me, could you please tell me how to get to the ***taxi stand***?

실례합니다. 택시 승강장으로 가는 방법을 알려주시겠어요?

Sure, it's just ***outside*** the main entrance of the airport.

물론이죠. 공항의 정문 밖에 있어요.

이렇게 말해요

이렇게 들어요

단어

charge (v) 충전하다 | waiting area (n) 대기 장소 | gate (n) 탑승구 | currency exchange (n) 환전 | main entrance (n) 중앙 출입구 | taxi stand (n) 택시 승강장 | outside (adv.) 밖에

공항

06. 수하물 접수 및 검사

오늘의 패턴을 확인해보세요

이 패턴을 사용하면, 공항에서 제공하는 다양한 서비스나 품목에 대한 비용을 묻는 데 도움이 됩니다. "How much does it cost for [OOO]?"라는 문장 패턴은 과금이 필요한 서비스에 대해 질문할 때 사용됩니다. 특히 여행 중에 추가 수하물 요금, 빠른 보안 검사 서비스 비용, VIP 라운지 이용료 등을 알아보는 경우에 이 패턴을 적용할 수 있습니다. 따라서, 이 패턴은 공항에서 이용할 서비스의 비용을 미리 확인하고, 여행 비용을 계획하는 데 큰 도움이 됩니다.

How much does it cost for a pet travel ?

반려동물 동반 비용은 얼마인가요?

이런 어휘를 사용할 수 있어요.

- extra baggage
  추가 수하물
- a seat upgrade
  좌석 업그레이드
- priority boarding
  우선 탑승
- Wi-Fi access on the plane
  비행기 내 Wi-Fi
- meals during the flight
  비행 중 식사
- early check-in
  조기 체크인
- airport lounge access
  공항 라운지 이용
- inflight entertainment
  기내 엔터테인먼트
- fast track service
  빠른 처리 서비스
- a seat with extra legroom
  다리 공간이 더 넓은 좌석

이렇게도 말할 수 있어요.

대화문 1

How much does it ***cost*** for ***extra luggage***?

추가 수하물 비용은 얼마나 드나요?

The cost for extra luggage depends on the airline's ***policy***. I can check it for you if you provide me with your airline and flight ***details***.

추가 수하물 비용은 항공사의 정책에 따라 다릅니다.
항공사와 비행 정보를 알려주시면 확인해드릴 수 있습니다.

대화문 2

Where can I ***check in*** my luggage?

수하물을 어디서 접수하나요?

You can check in your luggage at the check-in ***counters*** over there.

저기에 있는 체크인 카운터에서 수하물을 접수하실 수 있습니다.

대화문 3

Do I need to ***pay*** for excess baggage?

수하물 초과 요금을 내야 하나요?

Yes, there is a fee for exceeding the baggage ***allowance***.

네, 수하물의 허용량을 초과하면 요금이 있습니다.

이렇게 말해요

이렇게 들어요

단어

cost (n) 비용 | extra luggage (n) 추가 수하물 | policy (n) 정책 | detail (n) 세부 사항 | check in (v) 접수하다 | counter (n) 카운터 | pay (v) 지불하다 | allowance (n) 허용량

공항

07. 세관 및 출국 심사 대화

오늘의 패턴을 확인해보세요

이 패턴을 사용하면, 주요 행사나 절차에 소요되는 일반적인 시간을 알 수 있습니다. **"How long does [OOO] usually take?"** 패턴은 예상 시간을 질문하고자 할 때 사용되며, 이를 통해 일정을 더 잘 계획하고, 필요한 경우 대안을 찾을 수 있습니다. 예를 들어, 출국이나 입국 시 심사 과정에 얼마나 걸리는지 묻거나, 특정 장소에 도착하는 데 얼마나 걸리는지 알아볼 수 있습니다.

How long does [the immigration process] **usually take?**

출입국 심사는 보통 얼마나 걸리나요?

이런 어휘를 사용할 수 있어요.

- customs clearance
  세관 통관
- the luggage inspection
  수하물 검사
- the check-in process
  체크인 절차
- security screening
  보안 검색
- passport control
  여권 검사
- the boarding process
  탑승 절차
- the tax refund procedure
  세금 환불 절차
- waiting for a shuttle bus
  셔틀 버스 기다리는 데
- the duty-free shopping
  면세 쇼핑
- the airport transfer
  공항 이동

이렇게도 말할 수 있어요.

대화문 1

이렇게 말해요

How long does the ***immigration process*** usually take?

출입국 심사는 보통 얼마나 걸리나요?

The ***duration*** can vary depending on the number of ***passengers***, but it usually takes around 30 to 60 minutes.

승객 수에 따라 다르지만, 보통 30분에서 60분 정도 걸립니다.

대화문 2

Is there anything I can't bring out of the country?

제가 국외로 가지고 나갈 수 없는 것이 있나요?

Yes, some items may be ***restricted*** or ***prohibited***. Please check with customs.

네, 일부 물품은 제한되거나 금지될 수 있습니다. 세관에 문의해주세요.

이렇게 들어요

대화문 3

Do I need to fill out a ***customs declaration*** form?

세관 신고서를 작성해야 하나요?

Yes, all passengers are required to fill out the form.

네, 모든 승객은 신고서를 작성해야 합니다.

단어

immigration (n) 출국 심사 | process (n) 과정 | duration (n) 소요 시간 | passenger (n) 승객 | restricted (adj.) 제한된 | prohibited (adj.) 금지된 | customs (n) 세관 | declaration (n) 신고

공항

08. 지연 및 취소에 대한 대응

오늘의 패턴을 확인해보세요

이 패턴을 사용하면, 지연이나 변경 사항에 대한 정보를 쉽게 얻을 수 있습니다. **"How long is [OOO]?"** 패턴은 비행이 얼마나 지연되는지, 줄이 얼마나 긴지, 서비스가 언제 시작하는지 등의 정보를 요청하는 데 사용됩니다. 이는 특히 공항이나 기차역 등에서 흔히 발생하는 상황으로 각종 대기 시간을 미리 알고 계획하는 데 큰 도움이 됩니다.

How long is the lounge access **?**

라운지 이용 시간은 얼마나 되나요?

이런 어휘를 사용할 수 있어요.

- **the delay for this flight**
  이 항공편의 지연
- **the wait for this departure**
  이번 출발 대기
- **the layover in Dallas**
  달라스에서의 대기
- **the waiting time for the luggage**
  짐을 기다리는
- **the transit time at JFK airport**
  JFK 공항에서의 환승
- **the compensation process for the canceled flight**
  취소된 비행편에 대한 보상 처리
- **the rescheduling for this flight**
  이 항공편의 일정 변경
- **the weather delay for this trip**
  이 여행의 날씨로 인한 지연
- **the technical issue for this aircraft**
  이 항공기의 기술적 문제 처리
- **the shuttle ride to the other terminal**
  다른 터미널로 가는 셔틀 버스 이용

이렇게도 말할 수 있어요.

대화문 1

이렇게 말해요

How long is the ***delay*** for this flight?

이 비행기 지연 시간은 얼마나 되나요?

We apologize for the ***inconvenience***.
The flight is currently delayed by 1 hour.

불편을 드려 죄송합니다.
현재 비행기가 1시간 지연되고 있습니다.

대화문 2

My flight was ***canceled***. What should I do?

제 항공편이 취소되었어요. 어떻게 해야 하나요?

Please go to the airline's ***customer service desk*** for further ***assistance***.

추가 도움이 필요하시면, 항공사 고객 서비스 데스크로 가주세요.

대화문 3

Is there any ***information*** about the delayed flights?

지연된 항공편에 대한 정보가 있나요?

이렇게 들어요

Yes, you can check the flight ***status*** on the airport monitors.

네, 공항 모니터에서 항공편 상태를 확인할 수 있습니다.

단어

delay (n) 지연 | inconvenience (n) 불편 | be canceled (v) 취소되다 | customer service (n) 고객 서비스 | desk (n) 데스크 | assistance (n) 도움 | information (n) 정보 | status (n) 상태

공항

09. 출국장 내 상점 이용

오늘의 패턴을 확인해보세요

이 패턴을 사용하면, 원하는 항목을 쉽게 구매할 수 있습니다. **"I want to buy some [OOO]."** 패턴은 공항 내 상점, 시장 등에서 사용될 수 있으며, 다양한 상황에서 적용이 가능합니다. 단어와 문법이 단순하여 초급 영어 학습자에게 특히 적합합니다. 따라서, 이 패턴은 여행 중 필요한 물품을 쉽게 구매하고, 여행의 편의성을 높이는 데 큰 도움이 됩니다.

I want to buy some gifts within the departure area **.**

출국장에서 선물을 사고 싶어요.

이런 어휘를 사용할 수 있어요.

snacks at the departure lounge
출국장에서 간식

souvenirs at the airport terminal
공항 터미널에서 기념품

duty-free items at the duty-free shop
면세점에서 면세품

cosmetics at the beauty store
뷰티 스토어에서 화장품

electronics at the tech shop
전자제품 매장에서 전자제품

clothing at the fashion boutique
패션 부티크에서 옷

accessories at the jewelry store
보석점에서 액세서리

local products at the specialty store
특산품 매장에서 지역 제품

food at the food court
푸드 코트에서 음식

beverages at the cafe
카페에서 음료

이렇게도 말할 수 있어요.

대화문 1

이렇게 말해요

I want to buy some ***gifts*** at the ***departure area***.

출국장에서 선물을 사고 싶어요.

Sure! There are several ***shops*** and ***boutiques*** where you can find a ***variety*** of gifts.

물론이죠! 다양한 선물들을 구할 수 있는 몇몇 상점과 부티크들이 있어요.

대화문 2

Can you tell me where the shops are in the departure area?

출국장에 상점들이 어디 있는지 알려줄 수 있나요?

Sure, there are shops on both sides of the departure ***lounge***.

네, 출국장 라운지 양쪽에 상점들이 있습니다.

대화문 3

이렇게 들어요

Is there a ***duty-free*** shop in the airport?

공항에 면세점이 있나요?

Yes, there is a duty-free shop ***located*** in the departure area.

네, 출국장에 면세점이 있습니다.

단어

gift (n) 선물 | departure area (n) 출국장 | shop (n) 상점 | boutique (n) 부티크 | variety (n) 다양성 | lounge (n) 라운지 | duty-free (adj.) 면세의 | located (adj.) 위치한

공항

10. 안내소에서 도움 요청

오늘의 패턴을 확인해보세요

이 패턴을 사용하면, 가고자 하는 장소로의 도움을 필요하다는 것을 명확히 할 수 있습니다. **"Can you give me directions to [OOO]?"** 패턴은 정보 데스크, 티켓 카운터 등에서 방향의 정보를 얻을 때 특히 유용합니다. 따라서, 이 패턴은 여행 중 필요한 길의 정보를 얻거나 필요한 도움을 받는 데 사용 가능합니다.

Can you give me directions to [the visa office] **?**

비자 사무소로 가는 길을 알려주실 수 있나요?

이런 어휘를 사용할 수 있어요.

the information desk
안내소

the help desk
헬프 데스크

the customer service counter
고객 서비스 카운터

the lost and found department
분실물 센터

the travel information center
여행 정보 센터

the ticketing counter
티켓 카운터

the currency exchange booth
환전 부스

the baggage claim area
수하물 찾는 곳

the medical center
의료 센터

the parking information booth
주차 안내 부스

이렇게도 말할 수 있어요.

이렇게 말해요

이렇게 들어요

대화문 1

Can you ***help*** me?

좀 도와주실 수 있을까요?

Yes! How may I ***assist*** you?

네! 무엇을 도와드릴까요?

대화문 2

Excuse me, I need help.
Where is the ***information desk***?

실례합니다, 도움이 필요해요.
안내소가 어디에 있나요?

The information desk is located near the main ***entrance*** of the airport.

안내소는 공항의 중앙 출입구 근처에 있습니다.

대화문 3

Could you please assist me with my ***flight information***?

항공편 정보를 도와주실 수 있을까요?

Of course, I'd be ***happy*** to help.
Can you please ***provide*** me with your flight ***details***?

물론, 기꺼이 도와드리겠습니다.
항공편 세부사항을 알려주시겠어요?

단어

help (v) 돕다 | assist (v) 도와주다 | information desk (n) 안내소 | entrance (n) 입구 |
flight information (n) 항공편 정보 | happy (adj.) 기쁜 | provide (v) 제공하다 | detail (n) 세부사항

CHECK 패턴 정리하기

[01~10] 앞서 배운 패턴을 이용하여, 빈 칸을 채워 문장을 완성해보세요.

01. 신분 확인 검사를 받아야 하나요?

________________ **a identity check?**

02. 어디서 체크인을 해야 하나요?

________________ **check in?**

03. 탑승구가 어디인지 알려주실 수 있나요?

________________ **the boarding gate?**

04. 제 수하물이 아직 도착하지 않았어요.

________ **luggage** ________ **arrived.**

05. 어디에서 제 수하물을 보관할 수 있나요?

________________ **store my luggage?**

정답

01. Do I need to go through
02. Where should I
03. Can you tell me
04. My / hasn't
05. Where can I

06. 반려동물 동반 비용은 얼마인가요?

__________________ **a pet travel?**

07. 출입국 심사는 보통 얼마나 걸리나요?

__________ **the immigration process** __________ **?**

08. 라운지 이용 시간은 얼마나 되나요?

__________________ **the lounge access?**

09. 출국장에서 선물을 사고 싶어요.

__________________ **gifts within the departure area.**

10. 비자 사무소로 가는 길을 알려주실 수 있나요?

__________________ **the visa office?**

정답

06. How much does it cost for 07. How long does / usually take
08. How long is 09. I want to buy some 10. Can you give me directions to

PART 03

교통 수단

MP3

교통수단

01. 택시 호출 및 이용

오늘의 패턴을 확인해보세요

이 패턴을 사용하면, 나에게 필요한 것을 요청을 하고자 할 때 효과적입니다. "Please [OOO] for me."라는 패턴은 여행 중에 자주 필요하게 될 것인데, 특히 택시를 호출하거나 예약을 도와달라는 등의 상황에서 사용할 수 있습니다. 따라서, 이 패턴을 이해하고 사용하면 여행 중 다른 사람에게 원활하게 요청을 하는 데 도움이 됩니다.

Please [request a Lyft*] **for me** [to the sports complex] **.**

스포츠 복합 시설까지 갈 Lyft를 요청해 주세요. (*Lyft : 미국 택시 어플)

이런 어휘를 사용할 수 있어요.

call a taxi /
to the airport
택시를 불러 / 공항까지

book a ride /
to the hotel
차량을 예약해 / 호텔까지

hail a cab /
to downtown
택시를 잡아 / 시내까지

arrange a car service /
to the station
차량 서비스를 준비해 / 역까지

order a ride /
to the convention center
차량을 준비해 / 회의 센터까지

secure a cab /
to the museum
택시를 확보해 / 박물관까지

get an Uber /
to the park
Uber를 호출해 / 공원까지

reserve a taxi /
to the concert hall
택시를 예약해 / 콘서트 홀까지

find a cab /
to the shopping mall
택시를 찾아 / 쇼핑몰까지

organize a ride /
to the cinema
차량을 준비해 / 영화관까지

이렇게도 말할 수 있어요.

이렇게 말해요

대화문 1

Please ***call*** a ***taxi*** for me.

택시 좀 불러 주세요.

Sure! I will call a taxi for you ***right away***.

물론이죠! 바로 택시를 호출하겠습니다.

대화문 2

Excuse me, can you call a taxi for me?

실례합니다. 택시를 호출해 주시겠어요?

Sure, I'll call a taxi for you right away.

네, 곧바로 택시를 호출하겠습니다.

대화문 3

How ***much*** is the ***fare*** to the ***city center***?

시내 중심까지 요금이 얼마인가요?

이렇게 들어요

The fare to the city center is $30.

시내 중심까지 요금은 30달러입니다.

교통수단

단어

call (v) 호출하다 | taxi (n) 택시 | right away (adv.) 곧바로 | excuse (v) 실례하다 | sure (adj.) 물론 | much (adj.) 많은 | fare (n) 요금 | city center (n) 시내 중심

02. 버스 및 기차 이용

오늘의 패턴을 확인해보세요

이 패턴을 사용하면, 주어진 목적지로 가는 교통수단에 대해 물어볼 수 있습니다. "Which [OOO] goes to [OOO]?" 패턴은 버스나 기차와 같은 대중교통을 이용할 때 매우 유용합니다. 여행 중 특정 장소로 가려면 어떤 버스나 기차를 타야 하는지 알아야 하기 때문에, 이 패턴을 이해하고 사용하면 여행 중 필요한 교통수단을 쉽게 찾을 수 있게 도와줍니다. 따라서, 이 패턴은 효과적인 교통수단 선택에 도움을 줍니다.

Which [bus] goes to [the city center] ?

어떤 버스가 시내 중심으로 가나요?

이런 어휘를 사용할 수 있어요.

- express bus / the park — 급행버스 / 공원
- train / the airport — 기차 / 공항
- tour bus / the museum — 관광 버스 / 박물관
- bus / the downtown area — 버스 / 시내 지역
- train / the university — 기차 / 대학교
- plane / the stadium — 비행기 / 경기장
- tram / the beach — 전차 / 해변
- taxi / the city center — 택시 / 시내 중심
- train / the theater — 기차 / 극장
- bus / the restaurant — 버스 / 식당

이렇게도 말할 수 있어요.

이렇게 말해요

대화문 1

Which ***bus*** goes to the ***city center***?

시내 중심으로 가는 버스는 어떤 것인가요?

Bus number 101 goes ***directly*** to the city center.

101번 버스가 바로 시내 중심으로 가요.

대화문 2

Is this bus going to the central ***station***?

이 버스는 중앙역으로 가나요?

Yes, it goes to the central station.

네, 중앙역으로 가요.

이렇게 들어요

대화문 3

What time does the ***next*** train to the airport leave?

다음 공항행 기차는 몇 시에 출발하나요?

The next ***train*** to the ***airport leaves*** at 3:30 PM.

다음 공항행 기차는 오후 3시 30분에 출발합니다.

단어

bus (n) 버스 | city center (n) 시내 중심 | directly (adv.) 바로 | station (n) 역 | next (adj.) 다음의 | train (n) 기차 | airport (n) 공항 | leave (v) 출발하다

03. 지하철 이용

오늘의 패턴을 확인해보세요

이 패턴을 사용하면, 어떤 행동을 어떻게 해야 하는지 물어볼 때 매우 유용합니다. "How do I [OOO]?" 패턴은 특히 지하철과 같은 교통수단 이용에 있어서, 현재 위치에서 어떻게 이동해야 하는지 명확하게 알 수 있게 됩니다. 따라서, 이 패턴은 교통수단을 이용할 때 매우 유용하게 쓰일 수 있습니다.

How do I take the subway from this station **?**

어떻게 이 역에서 지하철을 타야 하나요?

이런 어휘를 사용할 수 있어요.

- purchase a subway ticket
  지하철 표를 구입해야
- validate this subway ticket
  이 지하철 표를 확인해야
- use the subway map
  지하철 지도를 사용해야
- transfer to a different line
  다른 라인으로 환승해야
- find the subway station
  지하철역을 찾아야
- check the last train time
  막차 시간을 확인해야
- recharge my subway card
  지하철 카드를 충전해야
- report a lost item
  분실물을 신고해야
- exit the subway station
  지하철역을 나가야
- know which side the doors will open on
  어느 쪽 문이 열리는지 알 수

이렇게도 말할 수 있어요.

이렇게 말해요

대화문 1

How do I take the ***subway*** from this ***station***?

이 역에서 지하철을 어떻게 타야 하나요?

Purchase a ***ticket*** from the ***vending machine***,
then follow the ***signs*** to the ***platform*** and wait for the train.

자동 판매기로 승차권을 사고, 플랫폼으로 가서 기다리세요.

대화문 2

Which subway ***line*** goes to the city center?

어떤 지하철 노선이 시내 중심으로 가나요?

The green line goes to the city center.

초록색 노선이 시내 중심으로 가요.

대화문 3

Excuse me, is this the right platform
for the downtown train?

실례합니다. 이 곳이 시내로 가는 기차 탑승장인가요?

Yes, you are at the ***correct*** platform
for the downtown train.

네, 여기가 시내로 가는 기차를 타는 올바른 플랫폼입니다.

이렇게 들어요

단어

subway (n) 지하철 | station (n) 역 | ticket (n) 승차권 | sign (n) 표지판 |
vending machine (n) 자동 판매기 | platform (n) 플랫폼 | line (n) 노선 | correct (adj.) 올바른

04. 자동차 대여

오늘의 패턴을 확인해보세요

이 패턴을 사용하면, 여러분은 어떤 제품이나 서비스를 제공받을 수 있는지 물어볼 수 있습니다. 예를 들어, 자동차 대여 회사에서 GPS를 제공하는지 묻거나, 호텔에서 무료 와이파이를 제공하는지 확인할 수 있습니다. 이 패턴은 많은 상황에서 유용하기 때문에 외우고 연습하는 것이 좋습니다. 따라서, "Do you provide [OOO]?" 패턴을 사용하면 여러분의 여행이 더욱 편리해질 수 있습니다.

Do you provide a GPS with the car **?**

차에 GPS를 제공하나요?

이런 어휘를 사용할 수 있어요.

- car insurance
  차량 보험
- GPS navigation system
  GPS 네비게이션 시스템
- child safety seats
  어린이 안전 좌석
- roadside assistance
  긴급 출동 서비스
- automatic cars
  오토매틱 자동차
- unlimited mileage
  무제한 마일리지
- fuel purchase option
  연료 구매 옵션
- pick-up service
  픽업 서비스
- drop-off service at a different location
  다른 장소에서의 반납 서비스
- long-term rentals
  장기 렌탈

이렇게도 말할 수 있어요.

대화문 1

이렇게 말해요

Do you ***provide*** a ***GPS*** with the car?

차에 GPS를 제공하나요?

Yes, all of our cars come with GPS ***navigation*** included.

네, 모든 차량에는 GPS 내비게이션이 포함되어 있습니다.

대화문 2

Is there a car ***rental*** service ***nearby***?

근처에 자동차 렌트 서비스가 있나요?

Yes, there is a car rental service just around the corner.

네, 바로 근처에 자동차 렌트 서비스가 있습니다.

대화문 3

I'd like to ***rent*** a car for three days, please.

3일 동안 차를 빌리고 싶습니다.

이렇게 들어요

Sure, I can help you with that.
Please fill out this ***form***.

물론이죠, 도와드리겠습니다.
이 양식을 작성해주세요.

단어

provide ⓥ 제공하다 | GPS ⓝ 위성 항법 시스템(Global Positioning System) |
navigation ⓝ 내비게이션 | rental ⓝ 대여 | nearby (adv.) 근처에 | rent ⓥ 빌리다 | form ⓝ 양식

교통수단

05. 티켓 구매 및 요금

오늘의 패턴을 확인해보세요

이 패턴을 사용하면, 다양한 물건이나 서비스의 가격을 물어볼 수 있습니다. "How much [OOO]?"는 가격 정보를 얻는 데 필요한 핵심적인 표현입니다. 버스나 기차, 지하철의 티켓 가격을 물을 수 있고, 식당에서 메뉴의 가격을 확인하거나, 상점에서 물건의 가격을 물어볼 때 사용할 수 있습니다. 따라서, 이 패턴은 여행지에서 정말 필요한 핵심 패턴이라고 볼 수 있습니다.

How much is a one-way ticket **?**

편도 티켓 가격은 얼마인가요?

이런 어휘를 사용할 수 있어요.

is the ticket to the city center
시내 중심으로 가는 티켓

is the bus ticket to the shopping mall
쇼핑몰로 가는 버스 티켓

is the fare for the bus to the museum
박물관으로 가는 버스 요금

is the fare for the bus to the stadium
경기장으로 가는 버스 요금

is the fare for the bus to the park
공원까지 가는 버스 요금

is the fare for the bus to the restaurant
식당으로 가는 버스 요금

does it cost to go to the airport
공항까지 가는 데

does it cost to travel to the downtown area by train
기차로 시내까지 가는 데

does it cost to travel to the beach by train
기차로 해변까지 가는 데

does it cost to go to the theater by train
기차로 극장까지 가는 데

이렇게도 말할 수 있어요.

대화문 1

이렇게 말해요

How much is a ***one-way ticket***?

편도 티켓 가격은 얼마인가요?

A one-way ticket is $5.

편도 티켓은 5달러입니다.

대화문 2

How much is a one-way ticket to the ***city center***?

시내 중심으로 가는 편도 티켓은 얼마인가요?

The one-way ticket to the city center is $2.50.

시내 중심으로 가는 편도 티켓은 2.50달러입니다.

대화문 3

Can I ***pay*** with a ***credit card***?

신용카드로 결제할 수 있나요?

이렇게 들어요

Yes, we ***accept*** credit card ***payments***.

네, 신용카드 결제 가능합니다.

단어

one-way ticket ⓝ 편도 티켓 | city center ⓝ 시내 중심 | pay ⓥ 결제하다 | credit card ⓝ 신용카드 | accept ⓥ 받다 | payment ⓝ 결제

06. 교통 규칙 및 표지판 이해

오늘의 패턴을 확인해보세요

이 패턴을 사용하면, 특정한 행동이나 상황이 허용되는지 확인하는 데 유용합니다. "Am/Are/Is [OOO] allowed [OOO]?"는 교통법규, 지역 규정 등에 대해 묻는 데 쓸 수 있습니다. 예를 들어, 자동차를 운전하면서 특정 교차로에서 좌회전이 가능한지, 혹은 공항에서 특정 액체를 가지고 탑승할 수 있는지 등을 물을 때 사용할 수 있습니다. 따라서, 이 패턴을 활용하면, 여행 중 규정을 정확히 이해하고 준수하는 데 도움이 됩니다.

Is [left turn] **allowed** [at this intersection] **?**

이 교차로에서 좌회전이 가능한가요?

이런 어휘를 사용할 수 있어요.

- I / to do a U-turn here
  여기에서 유턴이
- I / to change lanes on this road
  이 도로에서 차선 변경이
- we / to park here
  여기에 주차가
- you / to jaywalk on this street
  이 거리에서 무단 횡단이
- motorcycles / on this bridge
  오토바이 통행이 / 이 다리에서
- honking / in this area
  경적 울리는 것이 / 이 지역에서
- biking / at this park
  자전거를 타는 것이 / 이 공원에서
- littering / at this station
  쓰레기를 버리는 것이 / 이 역에서
- smoking / at this bus stop
  흡연이 / 이 버스 정류장에서
- eating / on this subway
  먹는 것이 / 이 지하철에서

이렇게도 말할 수 있어요.

대화문 1

이렇게 말해요

Is ***left turn*** allowed at this ***intersection***?

이 교차로에서 좌회전이 가능한가요?

No, a left turn is not ***allowed*** at this intersection.

아니요, 이 교차로에서는 좌회전이 허용되지 않습니다.

대화문 2

Are ***seat belts*** required on buses?

버스에서 좌석 벨트를 착용해야 하나요?

No, seat belts are not ***required*** on buses.

아니요, 버스에서는 좌석 벨트를 착용할 필요가 없습니다.

이렇게 들어요

대화문 3

What does this ***traffic sign*** mean?

이 교통 표지판이 무슨 뜻인가요?

It ***means*** no ***U-turn*** allowed.

이건 유턴이 금지된다는 뜻이에요.

단어

left turn (n) 좌회전 | intersection (n) 교차로 | allowed (adj.) 허용된 | seat belt (n) 좌석 벨트 | required (adj.) 필요한 | traffic sign (n) 교통 표지판 | mean (v) 의미하다 | U-turn (n) 유턴

교통수단

07. 지도 및 네비게이션 이용

오늘의 패턴을 확인해보세요

이 패턴을 사용하면, 특정 위치로 가는 방법을 물을 때 매우 유용합니다. "How can I [OOO] there?" 패턴을 이용하면, 어떤 행동이나 경로가 필요한지 구체적으로 물어볼 수 있습니다. 예를 들어, 버스를 타야 하는지, 걸어야 하는지 등에 대한 답을 얻을 수 있습니다. 따라서, 이 패턴을 활용하면, 방향 감각이 떨어지거나 처음 방문하는 도시에서도 원하는 목적지로 효과적으로 이동하는 데 도움이 됩니다.

I'm lost. How can I [get] there?

길을 잃어버렸어요. 그곳까지 어떻게 가야 하나요?

이런 어휘를 사용할 수 있어요.

get / by bus 가야 / 버스로	drive 운전해서 가야
bike 자전거로 가야	walk 걸어서 가야
navigate 네비게이션으로 가야	hitchhike 히치하이킹으로 가야
sail 배로 가야	fly 비행기로 가야
taxi 택시로 가야	commute 통근하여 가야

이렇게도 말할 수 있어요.

이렇게 말해요

이렇게 들어요

교통수단

대화문 1

I'm ***lost***. Can you help me?

길을 잃어버렸어요. 어떻게 가야 하나요?

Don't worry, I can help you with ***directions***. Where are you trying to go?

걱정 마세요. 길 안내를 해드릴게요. 어디로 가시려고요?

대화문 2

Excuse me, can you show me the way to the ***nearest subway station***?

실례합니다. 가장 가까운 지하철 역까지 가는 방법 좀 알려주시겠어요?

Sure, go ***straight*** ahead and take the first left.

네, 직진하신 다음 첫 번째 길에서 왼쪽으로 도세요.

대화문 3

Is there a ***map*** of the city ***available*** here?

이곳에서 도시 지도를 얻을 수 있나요?

Yes, you can find one at the ***information desk***.

네, 안내 데스크에서 구할 수 있어요.

단어

lost (adj.) 길을 잃은 | direction (n) 길 안내 | nearest (adj.) 가장 가까운 | subway station (n) 지하철 역 | straight (adv.) 직진하여 | map (n) 지도 | available (adj.) 이용 가능한 | information desk (n) 안내 데스크

08. 사고 및 긴급 상황

오늘의 패턴을 확인해보세요

이 패턴을 사용하면, 갑작스러운 상황이나 사건을 나타내는 데 유용합니다. "There's been [OOO]." 패턴은 어떤 사건이 발생했음을 간결하고 빠르게 전달하는 표현입니다. 특히 긴급한 상황에서는 간결하면서도 명확한 정보 전달이 중요하기 때문에 이 패턴은 매우 유용합니다. 따라서, 이 패턴은 사고나 응급 상황 발생 시 그 상황을 빠르게 전달하고 필요한 도움을 얻기 위한 필수적인 표현입니다.

There's been an accident **. Please call the police!**

사고가 발생했어요. 경찰을 불러주세요!

이런 어휘를 사용할 수 있어요.

- a car accident
  자동차 사고
- a pedestrian accident
  보행자 사고
- a puncture
  펑크
- a traffic jam
  교통체증
- a breakdown
  고장
- a collision
  충돌
- a hit-and-run
  뺑소니
- a bus overturn
  버스 전복 사고
- a road block
  도로 차단
- a bicycle crash
  자전거 사고

이렇게도 말할 수 있어요.

대화문 1

There's been an ***accident***. Please call the ***police***!

사고가 발생했어요. 경찰을 불러주세요!

I'll call the police right away. Is anyone ***injured***?

바로 경찰에 신고하겠습니다. 다친 사람은 없나요?

대화문 2

Help! There's been an accident!

도와주세요! 사고가 났어요!

Call for an ***ambulance***, please!

응급차를 불러주세요!

대화문 3

Excuse me, is there a ***police station nearby***?

실례합니다. 근처에 경찰서가 있나요?

Yes, there's one just a few ***blocks*** away.

네, 몇 블록 거리에 있어요.

이렇게 말해요

이렇게 들어요

단어

accident (n) 사고 | police (n) 경찰 | injured (adj.) 다친 | call (v) 부르다 | ambulance (n) 구급차 | police station (n) 경찰서 | nearby (adj.) 근처의 | block (n) 블록

09. 주차 및 주유

오늘의 패턴을 확인해보세요

이 패턴을 사용하면, 필요한 정보를 찾기 위한 질문을 할 수 있습니다. "Can you tell me where I can [OOO]?"는 특정 동작이 가능한 위치를 묻는 유용한 패턴입니다. 이 패턴은 주차장, 주유소, 식당 등 여행 중 필요한 다양한 장소를 찾는 데 활용될 수 있습니다. 따라서, 여행지에서 자신이 원하는 행동을 할 수 있는 장소를 묻는데 이 패턴은 필수적입니다.

Can you tell me where I can [park] ?

어디에서 주차를 할 수 있는지 알려주실 수 있나요?

이런 어휘를 사용할 수 있어요.

find a gas station
주유소를 찾을 수

refuel
연료를 넣을 수

get petrol
휘발유를 얻을 수

find a charging station
충전소를 찾을 수

park my car
차를 주차할 수

park for free
무료로 주차할 수

pay for parking
주차료를 낼 수

get a parking permit
주차 허가증을 받을 수

wash my car
차를 세차할 수

leave my bike
자전거를 둘 수

이렇게도 말할 수 있어요.

이렇게 말해요

대화문 1

Can you tell me where I can ***park***?

주차 가능한 곳이 어디인지 알려주실 수 있나요?

Right ***next*** to the ***gas station***.

주유소 바로 옆에 있습니다.

교통수단

대화문 2

Is there a ***parking lot*** around here?

근처에 주차장이 있나요?

Yes, there's a parking lot just a few ***blocks*** away.

네, 몇 블럭 떨어진 곳에 주차장이 있어요.

이렇게 들어요

대화문 3

Where can I ***find*** a gas station?

주유소를 어디서 찾을 수 있나요?

There's a gas station just ***ahead*** on the ***right***.

오른쪽으로 앞으로 조금 가면 주유소가 있어요.

단어

park (v) 주차하다 | next (adv.) 옆에 | gas station (n) 주유소 | parking lot (n) 주차장 | block (n) 블록 | find (v) 찾다 | ahead (adv.) 앞에 | right (n) 오른쪽

교통수단

10. 도보 및 자전거 이용

오늘의 패턴을 확인해보세요

이 패턴을 사용하면, 여행 중 다양한 이동 방식에 따른 소요 시간을 물어볼 수 있습니다. "How long does it take [OOO]?"는 이동수단이나 경로에 따른 시간을 확인하는 질문으로 사용됩니다. 도보, 자전거, 지하철 등 다양한 이동 방법을 [OOO] 자리에 넣어 사용할 수 있습니다. 따라서, 여행 시 이동 시간을 계획하고 관리하는데 이 패턴은 매우 중요합니다.

How long does it take [on foot]?

걸어서는 얼마나 걸릴까요?

이런 어휘를 사용할 수 있어요.

to walk to the museum
박물관까지 걸어서

to walk to the subway station
지하철 역까지 걸어서

to bike to the park
공원까지 자전거로

to hike up the mountain
그 산을 등산하는 데

to stroll around the lake
호수 주변을 산책하는 데

to jog to the gym
체육관까지 조깅하는 데

to skateboard to the beach
해변까지 스케이트보드로

to cycle to the library
도서관까지 자전거로

to run to the store
가게까지 뛰어서

to ride a scooter to the university
대학까지 킥보드로

이렇게도 말할 수 있어요.

대화문 1

이렇게 말해요

How long does it take on ***foot***?

걸어서는 대략 얼마나 걸릴까요?

It takes about 15 ***minutes*** on foot to get there.

걸어서 가는 데 약 15분 정도 걸려요.

대화문 2

Can you recommend a good walking ***route***?

좋은 도보 코스를 추천해 주시겠어요?

Sure! There's a ***scenic trail*** along the river that you'll ***enjoy***.

물론이죠! 물가를 따라 아름다운 산책로가 있어요. 즐거우실 거예요.

대화문 3

이렇게 들어요

Where can I rent a ***bicycle***?

자전거를 어디서 빌릴 수 있나요?

You can rent bicycles at the bike rental shop near the park entrance.

공원 입구 근처에 자전거 대여소가 있어요.

단어

foot (n) 걸음, 발 | minute (n) (시간) 분 | route (n) 경로 | scenic (adj.) 경치가 좋은 | trail (n) 산책로 | enjoy (v) 즐기다 | bicycle (n) 자전거

CHECK 패턴 정리하기

[01~10] 앞서 배운 패턴을 이용하여, 빈 칸을 채워 문장을 완성해보세요.

01. 스포츠 복합 시설까지 갈 Lyft를 요청해주세요.

_______________ **request a Lyft** _______________ **to the sports complex.**

02. 어떤 버스가 시내 중심으로 가나요?

_______________ **bus** _______________ **the city center?**

03. 어떻게 이 역에서 지하철을 타야 하나요?

____________________________________ **take the subway from this station?**

04. 차에 GPS를 제공하나요?

____________________________________ **a GPS with the car?**

05. 편도 티켓 가격은 얼마인가요?

____________________________________ **is a one-way ticket?**

정답

01. Please / for me
02. Which / goes to
03. How do I
04. Do you provide
05. How much

06. 이 교차로에서 좌회전이 가능한가요?

_____________ left turn _____________ at this intersection?

07. 길을 잃어버렸어요. 그곳까지 어떻게 가야 하나요?

I'm lost. _____________ get _____________ ?

08. 사고가 발생했어요. 경찰을 불러주세요!

______________________________ an accident. Please call the police!

09. 어디에서 주차를 할 수 있는지 알려주실 수 있나요?

______________________________ park?

10. 걸어서는 얼마나 걸릴까요?

______________________________ on foot?

정답

06. Is / allowed　07. How can I / there　08. There's been
09. Can you tell me where I can　10. How long does it take

PART 04

호텔

MP3

호텔

01. 체크인 및 체크아웃

오늘의 패턴을 확인해보세요

이 패턴을 사용하면, 특정 행동이나 이벤트가 언제 발생하는지 묻는 데 유용합니다. **"What time is [OOO]?"** 패턴은 다양한 상황에서 [OOO] 자리에 해당 이벤트나 행동을 넣어 사용할 수 있습니다. 체크인, 체크아웃, 식사 시간, 회의 시간 등 다양한 상황에 활용 가능합니다. 따라서, 이 패턴은 여행 중 핵심 일정을 관리하고 시간을 확인하는데 상당한 도움이 됩니다.

What time is [the business center open] **?**

비즈니스 센터 오픈 시간은 언제인가요?

이런 어휘를 사용할 수 있어요.

check-in
체크인

breakfast
아침 식사

the pool open
수영장 개장

the spa available
스파 이용

check-out
체크아웃

the shuttle service
셔틀 서비스

the restaurant open for dinner
레스토랑 저녁 식사 오픈

the fitness center accessible
피트니스 센터 이용

the concierge service available
컨시어지 서비스 이용

the front desk staffed
프론트 데스크 직원이 있는

이렇게도 말할 수 있어요.

이렇게 말해요

이렇게 들어요

호텔

대화문 1

What ***time*** is the ***check-in***?

체크인 시간은 언제인가요?

Check-in time is at 3:00 P.M.

체크인 시간은 오후 3시입니다.

대화문 2

Is it ***possible*** to check-in ***early***?

일찍 체크인 할 수 있을까요?

I'm ***sorry***, but the check-in time is at 3 P.M.

죄송하지만, 체크인 시간은 오후 3시입니다.

대화문 3

What time is the ***check-out***?

체크아웃 시간은 언제인가요?

The check-out time is at 11:00 A.M.

체크아웃 시간은 오전 11시입니다.

단어

time (n) 시간 | check-in (n) 체크인 | possible (adj.) 가능한 | early (adj.) 일찍 | sorry (adj.) 죄송한 | check-out (n) 체크아웃

호텔

02. 방 유형 및 요금

오늘의 패턴을 확인해보세요

이 패턴을 사용하면, 상황이나 조건을 변경하고 싶을 때 유용하게 쓸 수 있습니다. "Can I switch to [OOO]?" 패턴은 [OOO]에 변경하고 싶은 상황이나 조건을 넣어 사용합니다. 그것은 더 큰 방, 더 조용한 방, 다른 시간의 비행편 등 다양한 것들이 될 수 있습니다. 따라서, 이 패턴은 여행 중 원하는 조건에 맞게 유동적으로 상황을 조절하고자 할 때 아주 유용하게 사용할 수 있습니다.

Can I switch to a room with a minibar **?**

미니바가 있는 방으로 바꿀 수 있을까요?

이런 어휘를 사용할 수 있어요.

- a room with a view
  전망이 좋은 방
- a larger room
  더 큰 방
- a non-smoking room
  금연 방
- a room with a king-sized bed
  킹 사이즈 침대가 있는 방
- a room on a higher floor
  더 높은 층에 있는 방
- a room with a balcony
  발코니가 있는 방
- a room closer to the elevator
  엘리베이터에 더 가까운 방
- a room with a kitchenette
  작은 부엌이 있는 방
- a room with a jacuzzi
  자쿠지가 있는 방
- a room with a sofa bed
  소파 베드가 있는 방

이렇게도 말할 수 있어요.

대화문 1

이렇게 말해요

Can I ***switch*** to a ***larger*** room?

더 넓은 방으로 바꿀 수 있을까요?

Sure, let me ***check*** if there's a bigger room for you.

물론이죠, 더 큰 방이 있는지 확인해드리겠습니다.

대화문 2

What ***room types*** do you have?

어떤 유형의 객실이 있나요?

We have ***single***, ***double***, and deluxe rooms available.

싱글, 더블, 그리고 디럭스 객실이 있습니다.

대화문 3

How much is the ***rate per night***?

하루 요금은 얼마인가요?

이렇게 들어요

The rate per night is $150.

하룻밤에 150달러입니다.

단어

switch (v) 바꾸다 | larger (adj.) 더 넓은 | check (v) 확인하다 | room type (n) 객실 유형 |
single (n) (호텔에서) 1인실 | double (n) (호텔에서) 2인실 | rate (n) 요금 | per night (adv.) 하룻밤에

호텔

03. 시설 이용 (헬스클럽, 수영장 등)

오늘의 패턴을 확인해보세요

이 패턴을 사용하면, 특정 장소나 서비스에 대한 정보를 알고 싶을 때 활용할 수 있습니다. "What are [OOO] of [OOO]?" 패턴은 [OOO] 자리에 각각 원하는 정보와 그 정보를 알고 싶은 대상을 넣어 사용합니다. 이는 운영 시간, 이용 요금, 헬스클럽, 레스토랑 등 다양한 상황에 활용할 수 있습니다. 따라서, 이 패턴은 여행 중 특히 호텔의 부대 시설 이용에 필요한 정보를 얻기 위해 유용하게 사용될 수 있습니다.

What are [the usage rules] of [the sauna] ?

사우나의 이용 규칙은 무엇인가요?

이런 어휘를 사용할 수 있어요.

- the hours / the fitness center
  운영 시간 / 피트니스 센터
- the services / the concierge
  서비스 / 컨시어지
- the services / the business center
  서비스 / 비즈니스 센터
- the features / the pool
  특징 / 수영장
- the features / the outdoor terrace
  특징 / 야외 테라스
- the facilities / the conference center
  시설 / 컨퍼런스 센터
- the facilities / the spa
  시설 / 스파
- the amenities / the hotel
  편의 시설 / 호텔
- the amenities / the guest rooms
  편의 시설 / 객실
- the amenities / the executive lounge
  편의 시설 / 이그제큐티브 라운지

이렇게도 말할 수 있어요.

대화문 1

What are the ***operating hours*** of the ***fitness center***?

헬스 클럽의 운영 시간이 언제인가요?

The fitness center is open from 6:00 AM to 10:00 PM ***daily***.

헬스클럽은 매일 오전 6시부터 오후 10시까지 운영됩니다.

대화문 2

Is there a fitness club or ***swimming pool*** in the hotel?

호텔에 헬스클럽이나 수영장이 있나요?

Yes, we have both a fitness club and a swimming pool for our ***guests***.

네, 저희 호텔에는 투숙객을 위한 헬스클럽과 수영장이 있습니다.

대화문 3

Can I use the hotel ***facilities*** like the gym and pool?

헬스장이나 수영장 같은 호텔 시설을 사용할 수 있을까요?

Yes, of course. Hotel guests have ***access*** to all facilities.

네, 물론입니다. 호텔 투숙객들은 모든 시설을 이용하실 수 있습니다.

이렇게 말해요

이렇게 들어요

단어

operating hour (n) 운영 시간 | fitness center (n) 헬스 클럽 | daily (adv.) 매일 | swimming pool (n) 수영장 | guest (n) 투숙객 | facility (n) 시설 | access (n) 접근, 이용

호텔

04. 서비스 요청 (청소, 위생 등)

오늘의 패턴을 확인해보세요

이 패턴을 사용하면, 위생과 관련한 서비스를 요청하거나 필요한 것을 직접 물어볼 수 있습니다. "Could you please clean [OOO]?" 패턴은 특정 요청을 할 때 사용하며, [OOO] 자리에는 청소하거나 정리가 되길 원하는 물건이나 장소를 적어주면 됩니다. 방 청소, 테이블 정리, 세탁 요청 등 다양한 상황에 사용 가능합니다.

Could you please clean [the meeting rooms]?

회의실을 청소해 주실 수 있나요?

이런 어휘를 사용할 수 있어요.

my room 제 방	the bathroom 화장실
the common area 공용 공간	the lobby 로비
the windows 창문	the carpets 카펫
the gym area 헬스장	the restaurant tables 레스토랑 테이블
the elevator 엘리베이터	the outdoor patio 야외 테라스

이렇게도 말할 수 있어요.

대화문 1

이렇게 말해요

Could you please ***clean*** the ***room***?

방 청소 좀 부탁드릴 수 있을까요?

Of course, I'll ***arrange*** for the room to be cleaned right away.

물론이죠, 바로 방 청소를 요청하겠습니다.

대화문 2

Could you please clean my room?

제 방 청소 좀 해주시겠어요?

Of course, I'll arrange the cleaning ***service*** right away.

물론이죠, 즉시 청소 서비스를 요청하겠습니다.

대화문 3

I need some ***extra towels*** and ***toiletries***.

수건과 세면용품이 추가로 필요해요.

이렇게 들어요

Sure, I'll arrange them for you ***right away***.

네, 바로 준비해 드리겠습니다.

단어

clean ⓥ 청소하다 | room ⓝ 방 | arrange ⓥ 준비하다 | service ⓝ 서비스 | towel ⓝ 수건 | extra (adj.) 추가의 | toiletry ⓝ 세면용품 | right away (adv.) 즉시, 바로

호텔

05. 문제 상황 해결 (불편사항, 결제 문제 등)

오늘의 패턴을 확인해보세요

이 패턴을 사용하면, 문제나 이슈가 발생했을 때 도움을 요청할 수 있습니다. "I'm having issues with [OOO]."는 특정 문제가 발생했음을 표현하는 패턴으로, [OOO] 자리에는 문제의 원인이나 종류를 적어주면 됩니다. 이 패턴은 호텔에서 불편한 점, 결제 문제, 시설 불만 등 다양한 이슈에 대응하기 위한 표현으로 활용될 수 있습니다. 따라서, 이 패턴은 호텔 내에서 발생할 수 있는 다양한 문제 상황에 대처할 때 유용합니다.

I'm having issues with the shower pressure .

샤워 수압에 문제가 생겼어요.

이런 어휘를 사용할 수 있어요.

○ the air conditioning
에어컨

○ the Wi-Fi connection
와이파이 연결

○ the room key
객실 키

○ the hot water
온수

○ the TV remote
TV 리모컨

○ the room cleanliness
객실 청결 상태

○ the noise from neighboring rooms
옆방의 소음

○ the billing
청구서

○ the room service
룸 서비스

○ the elevator operation
엘리베이터 작동

이렇게도 말할 수 있어요.

이렇게 말해요

대화문 1

Could you ***help*** me?

도움을 받을 수 있을까요?

Of course! What seems to be the ***problem***?

물론이죠! 무슨 문제가 있나요?

대화문 2

There seems to be an ***issue*** with my ***payment***.
Can you help me?

결제에 문제가 있는 것 같아요. 도와주시겠어요?

Of course, I'll check the payment ***status*** and assist you.

물론이죠. 결제 상태를 확인하고 도와드리겠습니다.

대화문 3

I'm experiencing some ***inconvenience*** in my room.
Can you ***fix*** it?

방에서 불편한 점이 있어요. 해결해주시겠어요?

Of course, I'll check and ***resolve*** the issue for you.

물론입니다. 확인하고 문제를 해결하겠습니다.

이렇게 들어요

호텔

단어

help (v) 돕다 | problem (n) 문제 | issue (n) 문제 | payment (n) 결제 | status (n) 상태 | inconvenience (n) 불편 | fix (v) 고치다 | resolve (v) 해결하다

호텔

06. 음식 서비스 (룸 서비스, 뷔페, 미니바 등)

오늘의 패턴을 확인해보세요

이 패턴을 사용하면, 호텔의 다양한 음식 서비스를 이용하는 방법을 묻거나 음식을 주문하는 데 사용할 수 있습니다. **"Can I order [OOO] through [OOO]?"**는 특정 서비스를 이용하여 특정 아이템을 주문하고 싶음을 표현하는 패턴입니다. [OOO] 자리에는 주문하고자 하는 아이템과 그 아이템을 주문하려는 서비스의 종류를 적어주면 됩니다. 따라서, 이 패턴은 호텔에서의 음식 서비스 이용 시 매우 유용합니다.

Can I order snacks **through** the mini-bar **?**

미니바를 통해 간식을 주문할 수 있을까요?

이런 어휘를 사용할 수 있어요.

- **breakfast / room service**
  아침 식사 / 룸 서비스
- **dinner / the hotel restaurant**
  저녁 식사 / 호텔 레스토랑
- **room service / the phone**
  룸 서비스 / 전화
- **drinks / the poolside bar**
  음료 / 수영장 바
- **lunch / the hotel cafe**
  점심 식사 / 호텔 카페
- **room service / the in-room tablet**
  룸 서비스 / 객실 내 태블릿
- **desserts / the hotel's dessert menu**
  디저트 / 호텔의 디저트 메뉴
- **room service / the hotel app**
  룸 서비스 / 호텔 앱
- **beverages / the hotel's lounge**
  음료 / 호텔 라운지
- **room service / the reception desk**
  룸 서비스 / 리셉션 데스크

이렇게도 말할 수 있어요.

대화문 1

Can I ***order food*** through ***room service***?

룸 서비스를 통해 음식을 주문할 수 있나요?

Yes, ***certainly***! Our room service is ***available*** 24/7.

네, 물론 가능합니다! 룸 서비스는 24시간 이용 가능하답니다.

이렇게 말해요

대화문 2

I'd like to order room service, please.

룸 서비스 주문하고 싶어요.

Certainly, what would you like to order?

물론이죠, 무엇을 주문하시겠어요?

대화문 3

Is there a ***minibar*** in the room?

방에 미니바가 있나요?

Yes, there is a minibar stocked with ***beverages*** and ***snacks***.

네, 음료와 간식이 구비된 미니바가 있습니다.

이렇게 들어요

단어

order (v) 주문하다 | food (n) 음식 | room service (n) 룸 서비스 | certainly (adv.) 물론이죠 | available (adj.) 이용 가능한 | minibar (n) 미니바 | beverage (n) 음료 | snack (n) 간식

호텔

07. 비상 상황

오늘의 패턴을 확인해보세요

이 패턴을 사용하면, 여행 중에 꼭 알아야 할 주변 시설의 위치를 물을 수 있습니다. **"Where's the nearest [OOO]?"** 패턴은 [OOO] 자리에 찾고자 하는 장소를 적으면 됩니다. 이는 특히 응급 상황에서 병원, 약국 등의 위치를 빠르게 알아야 할 때 유용합니다. 따라서 이 패턴은 안전하게 여행할 수 있도록 도움을 줍니다.

Where's the nearest evacuation point **?**

가장 가까운 대피소는 어디인가요?

이런 어휘를 사용할 수 있어요.

hospital 병원	**pharmacy** 약국
police station 경찰서	**fire station** 소방서
embassy 대사관	**convenience store** 편의점
ATM ATM (현금 자동 입출기)	**metro station** 지하철 역
bus stop 버스 정류장	**public phone** 공중전화

이렇게도 말할 수 있어요.

대화문 1

Where’s the nearest ***hospital***?

가장 가까운 병원이 어디인가요?

The nearest hospital is ‘St. Mary's Hospital,’ and it's about 2 ***miles*** away from here.

가장 가까운 병원은 ‘세인트 메리 병원’이며, 여기서 약 2마일 떨어져 있습니다.

대화문 2

Help! There's a ***fire*** in the hotel!

도와주세요! 호텔에 불이 났어요!

Please ***evacuate*** immediately and use the nearest fire ***exit***.

즉시 대피하시고 가장 가까운 비상구를 이용하세요.

대화문 3

I need to report a medical ***emergency***.

의료 긴급 상황을 신고해야 해요.

Please stay ***calm***. I'll call for medical ***assistance*** right away.

진정하세요. 즉시 의료 지원을 요청하겠습니다.

이렇게 말해요

이렇게 들어요

단어

hospital (n) 병원 | mile (n) (거리의 단위) 마일 | fire (n) 불 | evacuate (v) 대피하다 | exit (n) 출구 | emergency (n) 긴급 상황 | calm (adj.) 진정된 | assistance (n) 도움, 지원

호텔

08. 호텔 주변 정보 알아보기

오늘의 패턴을 확인해보세요

이 패턴을 사용하면, 호텔 주변의 관광 명소, 레스토랑, 쇼핑몰 등의 정보를 쉽게 알아낼 수 있습니다. **"What [OOO] are near the hotel?"**라는 패턴은 그 위치에서 가까운 특정 사항에 대해 묻고 싶을 때 사용합니다. 따라서, 이 패턴은 주변 환경에 대한 정보를 빠르게 얻고자 할 때 매우 유용합니다.

What [libraries] are near the hotel?

호텔 근처에 어떤 도서관들이 있나요?

이런 어휘를 사용할 수 있어요.

restaurants 식당들	cafes 카페들
tourist attractions 관광 명소들	shopping centers 쇼핑 센터들
parks 공원들	museums 박물관들
theaters 극장들	gyms 헬스장들
pharmacies 약국들	supermarkets 슈퍼마켓들

이렇게도 말할 수 있어요.

대화문 1

이렇게 말해요

What ***tourist attractions*** are near the hotel?

호텔 근처의 관광 명소는 어떤 곳들이 있나요?

National ***Museum***, Central Park,
and famous shopping street are ***nearby***.

국립 박물관, 센트럴 파크,
그리고 유명한 쇼핑 거리가 근처에 있습니다.

대화문 2

Excuse me, can you ***recommend*** nearby attractions?

실례합니다. 주변 관광지를 추천해 주시겠어요?

Sure! There's a famous museum and a beautiful park
just a ***short walk*** away.

물론입니다! 유명한 박물관과 아름다운 공원이 도보로 가까이 있어요.

대화문 3

Where can I find a good ***restaurant*** around here?

이 근처에 좋은 식당이 어디에 있나요?

There's a popular one just a few blocks away.
I can give you ***directions***.

인기있는 레스토랑이 몇 블록 떨어진 곳에 있어요.
길 안내해 드릴게요.

이렇게 들어요

단어

tourist attraction (n) 관광 명소 | museum (n) 박물관 | nearby (adj.) 근처의 |
recommend (v) 추천하다 | short walk (n) 짧은 도보 | restaurant (n) 식당 | direction (n) 길 안내

호텔

09. 특별 요청 (서비스, 장애 등)

호텔

오늘의 패턴을 확인해보세요

이 패턴을 사용하면, 어떤 제품이나 서비스를 제공받을 수 있는지 물어볼 수 있습니다. 예를 들어, 추가 이불 제공이 가능한지 묻거나, 호텔에서 알람 서비스를 제공하는지 확인할 수 있습니다. **"Do you provide [OOO]?"** 패턴을 사용하면, 제공을 요청하는 다양한 상황에서 매우 유용합니다.

Do you provide an extra pillow **?**

베개를 하나 더 주실 수 있나요?

이런 어휘를 사용할 수 있어요.

extra blankets 추가 이불	a mini-fridge 미니 냉장고
a wheelchair-accessible room 휠체어 이용이 가능한 방	a quiet room 조용한 방
a hairdryer 헤어드라이어	a wake-up call 알람 서비스
a room on the first floor 1층의 방	a room near the exit 출구 근처 방
a room with a view of the sea 바다를 볼 수 있는 방	a room with a bathtub 욕조가 있는 방

이렇게도 말할 수 있어요.

대화문 1

I have ***allergies*** and need to be careful with my ***meals***.

제가 알레르기가 있어서 식사를 조심해야 합니다.

Noted, we will make sure to accommodate your ***dietary*** needs and provide you with allergy-safe meals.

알겠습니다. 식사 요구에 맞춰서 안전한 음식을 제공해드리겠습니다.

대화문 2

I have a ***food allerg***y. Are there any foods I can have?

음식 알레르기가 있어요. 제가 먹을 수 있는 음식이 있나요?

Of course! Please let us know about your allergy, and we will make sure to ***prepare*** a ***safe*** meal for you.

물론이죠! 알레르기 정보를 알려주시면 안전한 식사를 준비하도록 하겠습니다.

대화문 3

I need a ***wheelchair-accessible*** room, please.

휠체어 이용이 가능한 방이 필요해요.

Of course, I'll make sure to arrange that for you.

물론입니다. 귀하를 위해 그런 방을 예약하도록 하겠습니다.

이렇게 말해요

이렇게 들어요

호텔

단어

allergy (n) 알레르기 | meal (n) 식사 | dietary (adj.) 식이의 | prepare (v) 준비하다 | safe (adj.) 안전한 | wheelchair (n) 휠체어 | accessible (adj.) 접근 가능한

호텔

10. 예약 및 취소

오늘의 패턴을 확인해보세요

이 패턴을 사용하면, 호텔에서의 서비스 변경이나 상황 변경에 대해 요청할 수 있습니다. "I'd like to [OOO] my [OOO]."라는 패턴은 예약을 수정하거나, 심지어 취소하고자 할 때 편리하게 사용할 수 있습니다. 따라서, 호텔 이용 과정에서 예기치 않은 변화에 대응하고자 할 때 매우 유용합니다.

I'd like to transfer **my** reservation **.**

내 예약을 양도하고 싶습니다.

이런 어휘를 사용할 수 있어요.

- modify / reservation
  변경하고 / 예약
- cancel / booking
  취소하고 / 예약
- extend / stay
  연장하고 / 숙박 기간
- reschedule / check-in date
  변경하고 / 체크인 날짜
- upgrade / room
  업그레이드하고 / 객실
- add an extra night to / reservation
  하룻밤을 추가하고 / 예약
- change the room type for / reservation
  객실 유형을 변경하고 / 예약
- downgrade / room to a cheaper option
  변경하고 / 더 저렴한 옵션으로 객실
- request a refund for / reservation
  환불받고 / 예약
- check the availability for a different date
  다른 날짜로 예약이 가능한지 확인하고

이렇게도 말할 수 있어요.

대화문 1

이렇게 말해요

I'd like to ***modify*** my ***reservation***.

예약을 변경하고 싶습니다.

Sure, could you please provide me with your reservation ***details***, so I can assist you with the modification?

물론이죠, 예약 세부 정보를 알려주시겠어요?
그러면 변경 도와드리겠습니다.

대화문 2

I'd like to ***make*** a reservation for two nights, please.

2박 예약하려고 합니다.

Sure, may I know the ***dates*** you'd like to ***stay***?

네, 머무르실 날짜를 알려주세요.

대화문 3

I need to ***cancel*** my reservation for ***tomorrow***.

내일 예약을 취소하고 싶어요.

이렇게 들어요

I'm sorry to hear that.
May I know your reservation details?

안타깝네요. 예약 정보를 알려주시겠어요?

단어

modify ⓥ 변경하다 | reservation ⓝ 예약 | detail ⓝ 세부 정보 | make ⓥ 만들다, 예약하다 | date ⓝ 날짜 | stay ⓥ 머무르다 | cancel ⓥ 취소하다 | tomorrow ⓝ 내일

CHECK 패턴 정리하기

[01~10] 앞서 배운 패턴을 이용하여, 빈 칸을 채워 문장을 완성해보세요.

01. 비즈니스 센터 오픈 시간은 언제인가요?

_______________ **the business center open?**

02. 미니바가 있는 방으로 바꿀 수 있을까요?

_______________ **a room with a minibar?**

03. 사우나의 이용 규칙은 무엇인가요?

_______ **the usage rules** _______ **the sauna?**

04. 회의실을 청소해 주실 수 있나요?

_______________ **the meeting rooms?**

05. 샤워 수압에 문제가 생겼어요.

_______________ **the shower pressure.**

정답

01. What time is 02. Can I switch to 03. What are / of
04. Could you please clean 05. I'm having issues with

06. 미니바를 통해 간식을 주문할 수 있을까요?

______________ **snacks** ______________ **the mini-bar?**

07. 가장 가까운 대피소는 어디인가요?

__________________________________ **evacuation point?**

08. 호텔 근처에 어떤 도서관들이 있나요?

______________ **libraries** ____________________ **?**

09. 베개를 하나 더 주실 수 있나요?

__________________________________ **an extra pillow?**

10. 내 예약을 양도하고 싶습니다.

______________ **transfer** ______________ **reservation.**

정답

06. Can I order / through
07. Where's the nearest
08. What / are near the hotel
09. Do you provide
10. I'd like to / my

PART 05

쇼핑

MP3

01. 의류 및 액세서리 쇼핑

쇼핑

오늘의 패턴을 확인해보세요

이 패턴을 사용하면, 특정 물품에 대한 관심을 표현하고 해당 물품을 보여달라고 요청할 수 있습니다. **"Can you show me [OOO]?"**라는 패턴은 상점에서 원하는 물건을 찾을 때, 또는 물건의 다양한 옵션을 보고 싶을 때 사용하기 좋습니다. 따라서, 쇼핑 중에 다양한 제품을 탐색하거나 특정 상품에 대해 더 알고 싶을 때 매우 유용합니다.

Can you show me the jewelry **?**

보석류를 보여주실 수 있나요?

이런 어휘를 사용할 수 있어요.

○ **the dresses** 드레스

○ **the shoes** 신발

○ **the handbags** 핸드백

○ **the shirts** 셔츠

○ **the accessories** 액세서리

○ **the skirts** 스커트

○ **the hats** 모자

○ **the trousers** 바지

○ **the sunglasses** 선글라스

○ **the wallets** 지갑

이렇게도 말할 수 있어요.

대화문 1

이렇게 말해요

Can you show me some ***dresses***?

드레스 좀 보여주실 수 있나요?

Certainly! We have a ***variety*** of dresses in different ***styles*** and ***colors***.

물론이죠! 다양한 스타일과 색상의 드레스들이 있어요.

대화문 2

How much is this ***shirt***?

이 셔츠 얼마에요?

It's $30.

30달러에요.

대화문 3

Could you ***show*** me some ***hats***, please?

모자를 좀 보여주시겠어요?

이렇게 들어요

Sure, here are some hats for you to ***choose*** from.

네, 여기 모자 몇 개가 있어요. 골라보세요.

쇼핑

단어

dress ⓝ 드레스 | variety ⓝ 다양성 | style ⓝ 스타일 | color ⓝ 색상 | shirt ⓝ 셔츠 | show ⓥ 보여주다 | hat ⓝ 모자 | choose ⓥ 고르다

쇼핑

02. 식료품 쇼핑

오늘의 패턴을 확인해보세요

이 패턴을 사용하면, 특정한 제품이나 서비스를 구입할 수 있는 장소를 물어볼 수 있습니다. **"Where can I buy [OOO]?"**라는 패턴은 식료품, 의류, 전자제품 등 특정 상품을 구매하고 싶을 때 사용할 수 있습니다. 따라서, 이 패턴은 특정 상품을 찾고 있을 때 도움이 되는 정보를 얻기 위해 사용됩니다.

Where can I buy [fresh fruits] **?**

신선한 과일은 어디서 구입할 수 있나요?

이런 어휘를 사용할 수 있어요.

fresh vegetables 신선한 채소	fresh seafood 신선한 해산물
fresh eggs 신선한 달걀	freshly baked bread 막 구운 빵
organic fruits 유기농 과일	organic milk 유기농 우유
imported cheese 수입 치즈	specialty coffee beans 특제 커피 원두
local honey 지역산 꿀	Asian spices 아시아 향신료

이렇게도 말할 수 있어요.

대화문 1

이렇게 말해요

Where can I buy ***fresh fruits***?

신선한 과일은 어디서 구입할 수 있나요?

You can ***find*** fresh fruits in the ***produce section*** right over there.

신선한 과일들은 저기 농산물 코너에 있습니다.

대화문 2

Excuse me, where can I find fruits?

실례합니다. 과일은 어디에서 구할 수 있나요?

They are in the produce section, ***aisle*** 3.

그것들은 농산물 코너, 3번 통로에 있어요.

이렇게 들어요

대화문 3

Do you have any ***bread*** available?

빵이 있나요?

Yes, we have a ***variety*** of bread ***available***.

네, 다양한 종류의 빵이 있어요.

단어

fresh (adj.) 신선한 | fruit (n) 과일 | find (v) 찾다 | produce section (n) 농산물 코너 | aisle (n) 통로 | bread (n) 빵 | variety (n) 다양성 | available (adj.) 이용 가능한

03. 전자제품 쇼핑

쇼핑

오늘의 패턴을 확인해보세요

이 패턴을 사용하면, 특정 장소나 항목을 찾을 수 있는지에 대한 정보를 얻을 수 있습니다. **"Where can I find [OOO]?"**라는 패턴은 특정 상점, 레스토랑, 관광지 등을 찾고 싶을 때 사용합니다. 이 패턴은 목적지를 찾는데 도움이 되는 정보를 얻기 위해 사용됩니다.

Where can I find a store that sells electronics **?**

전자제품을 파는 상점은 어디에 있을까요?

이런 어휘를 사용할 수 있어요.

a smartphone 스마트폰	a laptop 노트북
a camera 카메라	headphones 헤드폰
a tablet 태블릿	a smartwatch 스마트워치
a gaming console 게임 콘솔	a portable charger 포터블 충전기
a speaker 스피커	a drone 드론

이렇게도 말할 수 있어요.

대화문 1

이렇게 말해요

Where can I find a ***store*** that sells ***electronics***?

전자제품을 파는 상점은 어디에 있을까요?

There is an electronics store on the second floor of the ***mall***.

쇼핑몰 2층에 전자제품 상점이 있습니다.

대화문 2

Where can I ***find*** electronics?

전자제품은 어디에 있나요?

They are on the second floor, in the electronics ***department***.

그것들은 2층, 전자제품 부에 있어요.

대화문 3

Do you ***sell mobile phones*** here?

여기서 휴대폰을 파나요?

Yes, we have a ***selection*** of mobile phones available.

네, 여러 종류의 휴대폰이 있어요.

이렇게 들어요

단어

store ⓝ 상점 | electronics ⓝ 전자제품 | mall ⓝ 쇼핑몰 | find ⓥ 찾다 | department ⓝ 부서 | sell ⓥ 팔다 | mobile phone ⓝ 휴대폰 | selection ⓝ 선택, 종류

쇼핑

04. 환율 및 결제

오늘의 패턴을 확인해보세요

이 패턴을 사용하면, 통화 교환 또는 결제에 대한 상세한 정보를 얻을 수 있습니다. **"How much does it [OOO]?"** 라는 패턴은 가격, 환율, 수수료 등에 대한 정보를 요청할 때 사용됩니다. 이 패턴은 지역 화폐를 이해하고, 예산을 관리하며, 결제를 올바르게 진행하는 데 도움이 됩니다. 따라서, 이 패턴은 환율이나 결제와 관련된 정보를 빠르게 이해하고 반응하는 데 유용합니다.

How much does it [cover] ?

얼마나 커버하나요?

이런 어휘를 사용할 수 있어요.

weigh 무게가 나가나요	**cost** 비용이 드나요
measure 큰가요	**hold** 담을 수 있나요
produce 생산할 수 있나요	**last** 오래 가나요
sell for 파나요	**hold in capacity** 용량이 되나요
consume in energy 에너지를 소비하나요	**cost per unit** 단위당 비용이 드나요

이렇게도 말할 수 있어요.

이렇게 말해요

대화문 1

How much does it ***cost*** to ***exchange*** it in local ***currency***?

현지 통화로 환전하려면 얼마가 되나요?

The ***exchange rate*** is 1,200 won in local currency per ***dollar***.

환전율은 1달러 당 현지 통화로 1200원입니다.

대화문 2

What is the exchange rate for dollars?

달러 환율이 얼마에요?

The exchange rate is 1,250 won per 1 dollar.

환율은 1달러에 1,250원입니다.

대화문 3

Can I ***pay*** with a ***credit card***?

신용카드로 결제할 수 있나요?

I'm sorry, but we don't ***accept*** credit card payments.

죄송하지만, 신용카드로 결제는 불가능합니다.

이렇게 들어요

단어

cost ⓥ 비용이 들다 ı exchange ⓥ 환전하다 ı currency ⓝ 통화 ı exchange rate ⓝ 환율 ı
dollar ⓝ 달러 ı pay ⓥ 결제하다 ı credit card ⓝ 신용카드 ı accept ⓥ 받아들이다

쇼핑

05. 세금 환급

오늘의 패턴을 확인해보세요

이 패턴을 사용하면, 특정한 프로세스나 방법에 대해 알아볼 수 있습니다. **"Is there a way to get [OOO]?"** 패턴은 복잡한 상황에서 또는 특정한 결과를 얻기 위한 방법을 물어보는 데 적합합니다. 예를 들어, 세금 환급을 원할 때, 이 패턴을 사용해 세금 환급이 가능한지, 그리고 어떻게 해야 하는지 물어볼 수 있습니다.

Is there a way to get [tax refunds] **?**

세금 환급을 받을 방법이 있나요?

이런 어휘를 사용할 수 있어요.

a refund 환불	a discount 할인
a receipt 영수증	a tax exemption 세금 면제
a voucher 바우처	a credit 크레딧
a cashback 캐시백	a gift card 상품권
a refundable deposit 환불 가능한 보증금	a promotional offer 프로모션 제안

이렇게도 말할 수 있어요.

대화문 1

Is there a way to get ***tax refunds***?

세금 환급을 받을 방법이 있나요?

Yes, you can get more ***information*** at the tax refund ***counter***.

네, 세금 환급 카운터에서 더 많은 정보를 얻으실 수 있어요.

이렇게 말해요

대화문 2

How can I get a tax refund for my ***purchases***?

구매한 물품에 대해 세금 환급을 어떻게 받을 수 있을까요?

You can get a tax refund at the tax refund counter before ***leaving*** the country.

국가를 떠나기 전에 세금 환급 창구에서 환급을 받을 수 있습니다.

대화문 3

Is there a tax refund ***service*** for ***tourists***?

관광객을 위한 세금 환급 서비스가 있나요?

Yes, we ***offer*** tax refund services for tourists.

네, 관광객을 위한 세금 환급 서비스를 제공해요.

이렇게 들어요

쇼핑

단어

tax refund ⓝ 세금 환급 | information ⓝ 정보 | counter ⓝ 창구 | purchase ⓝ 구매한 물품 | leave ⓥ 떠나다 | service ⓝ 서비스 | tourist ⓝ 관광객 | offer ⓥ 제공하다

쇼핑

06. 제품 반환 및 교환

오늘의 패턴을 확인해보세요

이 패턴을 사용하면, 제품을 교환하거나 반환하고 싶을 때 상점 직원에게 편리하게 요청할 수 있습니다. **"Can I exchange [OOO]?"** 패턴은 제품의 사이즈, 색상, 모델 등을 변경하고 싶을 때 유용하게 사용할 수 있습니다. 어떤 상황에서든, 이 패턴을 사용하면 본인의 요구사항을 명확하게 전달하고 원하는 결과를 얻을 수 있습니다.

Can I exchange this item **?**

이 제품을 바꿀 수 있을까요?

이런 어휘를 사용할 수 있어요.

this shirt 이 셔츠	this jacket 이 재킷
this dress 이 드레스	this hat 이 모자
this bag 이 가방	this necklace 이 목걸이
these shoes 이 신발	these pants 이 바지
these earrings 이 귀걸이	these sunglasses 이 선글라스

이렇게도 말할 수 있어요.

대화문 1

Can I ***exchange*** this ***item*** for a different ***size***?

이 제품을 다른 사이즈로 바꿀 수 있을까요?

Of course! Please ***bring*** the item along with the ***receipt*** to the exchange ***counter***.

물론이죠! 상품과 영수증을 교환 카운터로 가져오시면 됩니다.

대화문 2

I'd like to ***return*** this item, please.

이 상품을 반품하고 싶어요.

Sure, do you have the receipt?

네, 영수증 있으세요?

대화문 3

Can I exchange this for a different size?

이걸 다른 사이즈로 교환할 수 있을까요?

Sure, let me ***check*** if we have the size you need.

네, 필요한 사이즈가 있는지 확인해보겠습니다.

이렇게 말해요 / 이렇게 들어요

단어

exchange ⓥ 교환하다 | item ⓝ 제품 | size ⓝ 사이즈 | receipt ⓝ 영수증 | counter ⓝ 카운터 | bring ⓥ 가져오다 | return ⓥ 반품하다 | check ⓥ 확인하다

07. 제품 사양 물어보기

오늘의 패턴을 확인해보세요

이 패턴을 사용하면, 고객은 제품의 세부 정보를 쉽게 알 수 있습니다. **"I'd would like to know [OOO]."** 패턴은 쇼핑 중 제품의 특징이나 사양을 물어볼 때 유용합니다. 특히, 판매자나 직원은 이러한 질문에 답하여 적절한 제품 정보를 제공합니다. 따라서, 고객의 입장에서 보다 많은 정보를 얻어 좋은 결정을 내릴 수 있게 돕습니다.

I'd like to know [the size of this product] **.**

이 제품의 사이즈를 알고 싶어요.

이런 어휘를 사용할 수 있어요.

- the price of this item
  이 제품의 가격
- the size of this shirt
  이 셔츠의 사이즈
- the material of this bag
  이 가방의 재질
- the battery life of this device
  이 기기의 배터리 수명
- the warranty period of this camera
  이 카메라의 보증 기간
- the ingredients of this food item
  이 음식의 재료
- the origin of this wine
  이 와인의 원산지
- the resolution of this camera
  이 카메라의 해상도
- the expiration date of this product
  이 제품의 유통 기한
- the brand of this watch
  이 시계의 브랜드

이렇게도 말할 수 있어요.

이렇게 말해요

대화문 1

I'd like to ***know*** the ***size*** of this ***product***.

이 제품의 사이즈를 알 수 있을까요?

Sure! The size of the product is 10 inches in ***width*** and 5 inches in ***height***.

물론이죠! 이 제품의 크기는 가로 10인치, 세로 5인치입니다.

대화문 2

Excuse me, could you ***tell*** me the ***price*** of this?

실례지만, 가격을 알려주실 수 있나요?

Sure, it's $25.

네, 25달러에요.

대화문 3

Is there a ***warranty*** for this product?

이 제품에 보증 기간이 있나요?

Yes, it comes with a one-year warranty.

네, 1년 보증 기간이 포함되어 있습니다.

이렇게 들어요

단어

know ⓥ 알다 | size ⓝ 크기 | product ⓝ 제품 | width ⓝ 너비 | height ⓝ 높이 |
tell ⓥ 말하다 | price ⓝ 가격 | warranty ⓝ 보증

쇼핑

08. 할인 및 세일 정보 얻기

오늘의 패턴을 확인해보세요

이 패턴을 사용하면, 특정 상황에 대한 최신 정보를 알아볼 수 있습니다. **"What [OOO] are currently [OOO]?"** 라는 패턴은 가게에서 어떤 품목이 할인 중인지, 어떤 이벤트가 현재 진행 중인지와 같이 현재 상태를 확인하고자 할 때 유용합니다. 이 패턴은 또한, 다양한 상황에서 특정 사항에 대해 알아볼 때 사용할 수 있으므로 매우 다용도로 활용될 수 있습니다.

What [items] are currently [on sale]?

현재 어떤 상품들이 세일 중인가요?

이런 어휘를 사용할 수 있어요.

discounts / available
할인 / 적용 가능

discounts / applicable
할인 / 적용 가능

offers / available
제안 / 사용 가능

offers / on promotion
제안 / 프로모션 중

deals / offered
딜 / 제공 중

deals / eligible for discounts
딜 / 할인 대상

sales / happening
세일 / 진행 중

sales / happening in the electronics department
세일 / 전자제품 부문에서 진행 중

promotions / running
프로모션 / 진행 중

promotions / running for clothing
프로모션 / 의류에 진행 중

이렇게도 말할 수 있어요.

이렇게 말해요

대화문 1

What ***items*** are currently ***on sale***?

현재 어떤 상품들이 세일 중인가요?

We have ***clothing***, ***accessories***, and ***electronics*** on sale.

의류, 액세서리, 전자제품 등이 할인 중이에요.

대화문 2

Excuse me, is there any ***discount*** on this item?

실례지만, 이 상품에 할인이 있나요?

Yes, it's currently 20% ***off***.

네, 현재 20% 할인 중이에요.

대화문 3

Could you tell me about any sales going on?

세일 정보 좀 알려주시겠어요?

Yes, we have a 20% discount on all items in the ***store***.

네, 상점의 모든 상품이 20% 할인 중입니다.

이렇게 들어요

쇼핑

단어

item (n) 상품 | on sale (n) 세일 중 | clothing (n) 의류 | accessory (n) 액세서리 | electronics (n) 전자제품 | discount (n) 할인 | off (adv.) 할인된 | store (n) 상점

쇼핑

09. 도서 및 음악 쇼핑

오늘의 패턴을 확인해보세요

이 패턴을 사용하면, 특정 장소의 위치를 직접 묻는 데 유용합니다. **"Where is [OOO] located / situated?"**라는 패턴은 지리적 위치를 알아내려는 모든 상황에 적합합니다. 사람들이 여행 중에는 새로운 장소에서 방향을 잡거나 특정 목적지를 찾는 데 어려움을 겪을 수 있습니다. 이럴 때, 이 패턴을 사용하여 물어보면 매우 도움이 될 수 있습니다. 따라서, 이 패턴은 위치를 파악하려는 모든 상황에 필수적입니다.

Where is the stadium **situated/located?**

경기장은 어디에 위치하고 있나요?

이런 어휘를 사용할 수 있어요.

the bookstore 서점	the art gallery 미술 갤러리
the opera house 오페라 하우스	the botanical garden 식물원
the concert hall 콘서트 홀	the historical museum 역사 박물관
the cultural center 문화 센터	the music store 음반 가게
the library 도서관	the museum 박물관

이렇게도 말할 수 있어요.

이렇게 말해요

대화문 1

Where is the ***bookstore*** located?

서점은 어디에 위치하고 있나요?

The bookstore ***is located*** on the third floor, right next to the ***music store***.

서점은 3층에 위치해 있으며, 음반 가게 바로 옆에 있습니다.

대화문 2

Excuse me, where can I find ***books*** and music?

실례지만, 책과 음반은 어디서 구할 수 있나요?

You can find them on the third floor, in the ***entertainment section***.

3층에 있는 엔터테인먼트 코너에서 찾으실 수 있어요.

이렇게 들어요

대화문 3

Is there a bookstore or music store ***nearby***?

근처에 서점이나 음반 가게가 있나요?

Yes, there's a bookstore just around the ***corner*** and a music store two blocks away.

네, 바로 근처에 서점이 있고, 두 블록 떨어진 곳에 음반 가게가 있어요.

단어

bookstore (n) 서점 | be located (v) ~에 위치해있다 | music store (n) 음반 가게 | book (n) 책 | entertainment section (n) 엔터테인먼트 코너 | nearby (adj.) 근처에 | corner (n) 모퉁이

쇼핑

10. 고급 브랜드 및 특수 상품 쇼핑

오늘의 패턴을 확인해보세요

이 패턴을 사용하면, 원하는 제품을 구입할 수 있는 장소에 대한 정보를 얻을 수 있습니다. **"Where can I purchase [OOO]?"**이라는 패턴은 특정 물건이나 서비스를 어디서 구매할 수 있는지 물어보는 데 매우 유용합니다. 여행 중에는 새로운 장소에서 원하는 물건을 찾는 것이 어려울 수 있습니다. 이 패턴을 사용하면 필요한 물품이나 서비스를 쉽게 찾을 수 있습니다.

Where can I purchase luxury brand products **?**

고급 브랜드 제품을 어디에서 구매할 수 있나요?

이런 어휘를 사용할 수 있어요.

- Gucci handbags 구찌 핸드백
- Rolex watches 롤렉스 시계
- Chanel perfumes 샤넬 향수
- Tiffany jewelry 티파니 주얼리
- Armani suits 아르마니 수트
- Prada shoes 프라다 신발
- Louis Vuitton luggage 루이 비통 짐 가방
- Hermes scarves 에르메스 스카프
- Dior cosmetics 디올 화장품
- Cartier watches 카르티에 시계

이렇게도 말할 수 있어요.

이렇게 말해요

이렇게 들어요

쇼핑

대화문 1

Where can I ***purchase luxury brand*** products?

고급 브랜드 제품을 어디에서 구매할 수 있나요?

You can ***find*** luxury brand ***products*** at our ***boutique*** on the second floor.

고급 브랜드 제품은 2층에 위치한 뷰티크에서 찾으실 수 있습니다.

대화문 2

Can you tell me where I can find luxury brands?

고급 브랜드가 어디에 있는지 알려주시겠어요?

Certainly! You can find luxury brands at the ***shopping mall*** on Fifth Avenue.

물론이죠! 5번가에 있는 쇼핑몰에서 고급 브랜드를 찾으실 수 있어요.

대화문 3

Excuse me, where can I buy ***specialty*** items?

실례지만, 특별 상품은 어디서 구입할 수 있나요?

You can find specialty items at the boutique on the second floor.

특별 상품은 2층의 뷰티크에서 구매하실 수 있습니다.

단어

purchase (v) 구매하다 | luxury (adj.) 고급의 | brand (n) 브랜드 | find (v) 찾다 | product (n) 제품 | boutique (n) 부티크 | shopping mall (n) 쇼핑몰 | specialty (n) 특별 상품

CHECK 패턴 정리하기

[01~10] 앞서 배운 패턴을 이용하여, 빈 칸을 채워 문장을 완성해보세요.

01. 보석류를 보여주실 수 있나요?

_______________ **the jewelry?**

02. 신선한 과일은 어디서 구입할 수 있나요?

_______________ **fresh fruits?**

03. 전자제품을 파는 상점은 어디에 있을까요?

_______________ **a store that sells electronics?**

04. 얼마나 커버하나요?

_______________ **cover?**

05. 세금 환급을 받을 방법이 있나요?

_______________ **tax refunds?**

정답

01. Can you show me 02. Where can I buy 03. Where can I find
04. How much does it 05. Is there a way to get

06. 이 제품을 바꿀 수 있을까요?

________________ **this item?**

07. 이 제품의 사이즈를 알고 싶어요.

________________ **the size of this product.**

08. 현재 어떤 상품들이 세일 중인가요?

__________ **items** __________ **on sale?**

09. 경기장은 어디에 위치하고 있나요?

__________ **the stadium** __________ **?**

10. 고급 브랜드 제품을 어디에서 구매할 수 있나요?

________________ **luxury brand products?**

정답

06. Can I exchange
07. I'd like to know
08. What / are currently
09. Where is / situated/located
10. Where can I purchase

PART 06

식당

MP3

식당

01. 메뉴 이해 및 주문

오늘의 패턴을 확인해보세요

이 패턴을 사용하면, 식당이나 카페에서 제공하는 다양한 메뉴를 이해하고 주문하는 데 도움이 됩니다. **"What types of [OOO]?"**라는 패턴은 여러 가지 메뉴 항목이나 제공되는 특정 서비스를 물어보는 데 사용됩니다. 여행 중에는 새로운 음식을 시도하거나 로컬 음식을 찾는 것이 중요할 수 있습니다. 따라서, 이 패턴을 사용하면 로컬 음식점에서 원하는 메뉴를 더 쉽게 찾을 수 있습니다.

What types of dishes are on the menu **?**

어떤 종류의 음식들이 메뉴에 있나요?

이런 어휘를 사용할 수 있어요.

beer do you have
맥주를 판매하나요

pasta do you serve
파스타를 제공하나요

wine do you recommend
와인을 추천하나요

desserts are available
디저트가 가능한가요

teas are available
차가 가능한가요

seafood dishes are there
해산물 요리가 있나요

appetizers are there
애피타이저가 있나요

breakfast items are there
아침식사 메뉴가 있나요

soups can I order
수프를 주문할 수 있나요

cocktails can I order
칵테일을 주문할 수 있나요

이렇게도 말할 수 있어요.

이렇게 말해요

대화문 1

What types of ***dishes*** are on the ***menu*** at this restaurant?

이 식당의 메뉴에는 어떤 종류의 음식들이 있나요?

We offer a variety of dishes, including ***seafood***, pasta, and steak.

저희 식당은 해산물, 파스타, 그리고 스테이크를 포함하여 다양한 종류의 요리를 제공합니다.

대화문 2

Excuse me, what is ***recommended*** on the menu?

실례지만, 메뉴에서 추천하시는 음식이 뭐예요?

Our chef's ***special*** is the ***grilled salmon*** with lemon butter sauce. It's delicious!

저희 셰프의 특선 요리는 레몬 버터 소스로 구운 연어입니다. 정말 맛있어요!

대화문 3

I would like to ***order*** the chef's special.

셰프의 특선 요리로 주문하겠습니다.

이렇게 들어요

Sure, excellent choice!

네, 훌륭한 선택이에요!

단어

dish (n) 요리 | menu (n) 메뉴 | seafood (n) 해산물 | recommend (v) 추천하다 | special (n) 특선 요리 | grilled (adj.) 구운 | salmon (n) 연어 | order (v) 주문하다

02. 음식 및 음료 선택

오늘의 패턴을 확인해보세요

이 패턴을 사용하면, 선택하려는 음식이나 음료의 재료에 대해 물어볼 수 있습니다. **"What ingredients are in [OOO]?"**라는 패턴은 알레르기나 특정 식사 제한이 있는 경우에 매우 유용합니다. 또한, 새로운 음식을 탐색하고 다양한 맛을 경험하는 여행자에게도 좋은 선택입니다. 따라서, 음식의 재료를 정확히 알아내고 원하는 선택을 하기 위해 이 표현이 매우 유용합니다.

What ingredients are in this dish ?

이 요리에는 어떤 재료가 들어가 있나요?

이런 어휘를 사용할 수 있어요.

the spaghetti carbonara 스파게티 카르보나라	the chicken curry 치킨 카레
the sushi roll 스시롤	the Caesar salad 시저 샐러드
the beef burger 쇠고기 버거	the seafood paella 해물 파에야
the mushroom risotto 버섯 리조또	the fruit smoothie 과일 스무디
the shrimp pasta 새우 파스타	the green tea latte 녹차 라떼

이렇게도 말할 수 있어요.

이렇게 말해요

대화문 1

What ***ingredients*** are in this ***dish***?

이 요리에는 어떤 재료가 들어가 있나요?

This dish contains fresh ***vegetables***, chicken, and a special blend of ***herbs and spices***.

이 요리에는 신선한 야채, 닭고기, 그리고 특별한 허브와 양념이 들어가 있습니다.

대화문 2

What do you ***recommend*** for the ***main course***?

메인 요리로 뭐를 추천해 주시나요?

Our chef's special is the ***grilled steak*** with mushroom sauce.

저희 셰프의 특선 요리는 버섯 소스로 구운 스테이크입니다.

대화문 3

I'll have a glass of ***water***, please.

물 한 잔 주세요.

Of course, coming right up!

물론이죠, 바로 가져다 드릴게요!

이렇게 들어요

단어

ingredient ⓝ 재료 | dish ⓝ 요리 | vegetable ⓝ 야채 | herbs and spices ⓝ 허브와 양념 | recommend ⓥ 추천하다 | main course ⓝ 메인 요리 | grilled steak ⓝ 구운 스테이크 | water ⓝ 물

03. 알레르기 및 특별 식사 요청

오늘의 패턴을 확인해보세요

이 패턴을 사용하면, 식당에서 음식의 성분을 빠르게 확인할 수 있습니다. **"Is/Are there [OOO] in this?"** 패턴은 특히 알레르기가 있는 사람에게 도움이 됩니다. 이는 더 안전하게 음식을 선택하도록 돕습니다. 따라서, 이 패턴은 여러분이 건강을 유지하면서 다양한 음식을 즐길 수 있도록 돕는 중요한 문장이 될 것입니다.

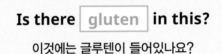

Is there [gluten] in this?

이것에는 글루텐이 들어있나요?

이런 어휘를 사용할 수 있어요.

dairy 유제품	seafood 해산물
soy 대두	egg 계란
shellfish 조개류	wheat 밀
fish 생선	mustard 겨자
peanuts 땅콩	nuts 견과류

이렇게도 말할 수 있어요.

대화문 1

I have ***allergies***, so I have specific ***dietary requirements***.

알레르기가 있어서 특별한 식사 요구사항이 있습니다.

Noted, we'll make sure to check your dietary needs and prepare a ***safe*** meal for you.

알겠습니다. 귀하의 식사 요구사항을 고려하여 안전한 식사를 준비하겠습니다.

대화문 2

I have a ***food allergy***, can you ***accommodate*** that?

음식 알레르기가 있어요. 그걸 맞춰줄 수 있나요?

Of course, please let me know about your food allergy.

물론이죠. 식품 알레르기에 대해 알려주세요.

대화문 3

Is this ***dish*** suitable for ***vegetarians***?

이 요리는 채식주의자에게 적합한가요?

Yes, it's completely ***vegetarian-friendly***.

네, 완벽하게 채식주의자에게 적합합니다.

이렇게 말해요

이렇게 들어요

단어

allergy (n) 알레르기 | dietary requirement (n) 식사 요구사항 | safe (adj.) 안전한 | food allergy (n) 음식 알레르기 | accommodate (v) 맞추다 | dish (n) 요리 | vegetarian (n) 채식주의자 | vegetarian-friendly (adj.) 채식주의자에게 적합한

04. 계산 및 팁

오늘의 패턴을 확인해보세요

이 패턴을 사용하면, 계산서를 요청하는 상황에서 손쉽게 표현할 수 있습니다. **"Could you bring me [OOO], please?"** 패턴은 주로 요청하는 문장을 만드는 데 사용되며, [OOO] 부분에는 요청하는 대상을 채워 넣으면 됩니다. 예문에서는 'the final bill'이 그 대상이 됩니다. 따라서, 이 패턴은 식당에서 계산서를 요청할 때 매우 유용하게 사용될 수 있습니다.

Could you bring me the final bill , please?

최종 계산서를 가져다 주시겠어요?

이런 어휘를 사용할 수 있어요.

the bill
계산서

the check
계산서

the receipt
영수증

the menu
메뉴판

the dessert menu
디저트 메뉴

the wine list
와인 리스트

the special of the day
오늘의 특선 요리

the condiments
양념들

a refill
한 번 더

the kids' menu
아이 메뉴

이렇게도 말할 수 있어요.

대화문 1

이렇게 말해요

Could you ***bring*** me the ***bill***, please?

계산서 좀 부탁드려요.

Sure, I'll bring the bill ***right away***.

물론이죠, 계산서를 바로 가져다 드리겠습니다.

대화문 2

Can I have the bill, please?

계산서 주시겠어요?

Sure, I'll bring it right away.

물론입니다. 바로 가져다 드리겠습니다.

대화문 3

How much is the ***service charge*** or ***tip***?

서비스 요금이나 팁은 얼마인가요?

이렇게 들어요

The service charge is ***included***,
but you can leave a tip if you'd like.

서비스 요금은 포함되어 있지만,
팁은 원하시면 남겨주시면 됩니다.

단어

bring (v) 가져다 주다 | bill (n) 계산서 | right away (adv.) 바로 | service charge (n) 서비스 요금 | tip (n) 팁 | included (adj.) 포함된

식당

05. 예약 및 대기

오늘의 패턴을 확인해보세요

이 패턴을 사용하면, 식당이나 호텔에서 예약 확인을 위해 주로 사용되는 상황을 쉽게 설명할 수 있습니다. **"The reservation is under [OOO]."**에서 [OOO] 부분에는 예약한 사람의 이름이나 예약 번호를 채워 넣으면 됩니다. 따라서, 이 패턴은 여행 중 예약 확인이 필요한 다양한 상황에서 유용하게 활용될 수 있습니다.

The reservation is under Gildong-Hong **.**

예약은 홍길동으로 되어 있습니다.

이런 어휘를 사용할 수 있어요.

- **John Smith** — 존 스미스
- **the name Kim** — 김
- **a party of six** — 6명의 일행
- **the last name Lee** — 이씨
- **the guest name Jennifer** — 제니퍼라는 손님
- **the group name ABC Company** — ABC 회사라는 그룹
- **the party name Smith Family** — 스미스 가족이라는 일행
- **the company name 365ENM Corporation** — 365ENM이라는 회사
- **the phone number 123-4567** — 123-4567이라는 전화번호
- **the email address johndoe@example.com** — johndoe@example.com라는 이메일 주소

이렇게도 말할 수 있어요.

대화문 1

이렇게 말해요

The ***reservation*** is under Gildong-Hong.

예약한 이름은 홍길동입니다.

Thank you, Mr. Gildong-Hong.
Your ***table*** is ***ready***, please follow me.

감사합니다. 홍길동 선생님.
좌석이 준비되었습니다. 따라와주세요.

대화문 2

Do I need to ***make*** a reservation?

예약을 해야 하나요?

It's not ***necessary***,
but we ***recommend*** it for busy times.

꼭 필요한 건 아니지만, 바쁜 시간에는 예약을 권장해요.

대화문 3

How long is the ***wait*** for a table?

좌석 대기 시간이 얼마나 걸리나요?

이렇게 들어요

It's about a 20-minute wait at the ***moment***.

현재 약 20분 정도 기다려야 합니다.

단어

reservation (n) 예약 | table (n) 좌석 | ready (adj.) 준비된 | make (v) 하다, 만들다 |
necessary (adj.) 필요한 | recommend (v) 권장하다 | wait (n) 대기 | moment (n) 순간

식당

06. 음식평가 및 추천 얻기

오늘의 패턴을 확인해보세요

이 패턴을 사용하면, 어떤 것이 가장 인기 있는지 물어볼 때 편리합니다. **"What is your most popular [OOO]?"** 패턴은 가장 인기 있는 무언가를 물어보는 데 사용되는데, [OOO] 부분에는 문맥에 따라 다양한 명사를 넣을 수 있습니다. 예를 들어 dish, drink, dessert 등이 될 수 있습니다. 따라서, 이 패턴은 식당에서 인기 메뉴를 알아보거나, 특정 상품이나 서비스에 대한 인기도를 파악하는 데 유용합니다. 결정하기 힘들다면 이 패턴을 사용해보세요.

What is your most popular vegetarian option **?**

가장 인기 있는 채식 요리는 무엇인가요?

이런 어휘를 사용할 수 있어요.

dish 요리	seafood dish 해산물 요리
pasta dish 파스타 요리	dessert 디저트
drink 음료	appetizer 전채 요리
pizza topping 피자 토핑	sandwich 샌드위치
burger 버거	sushi roll 스시롤

이렇게도 말할 수 있어요.

대화문 1

What is your most ***popular dish***?

가장 인기 있는 요리는 무엇인가요?

Our most popular dish is the ***signature*** steak served with a special sauce.

저희 가장 인기 있는 요리는
특별한 소스와 함께 제공되는 시그니처 스테이크입니다.

대화문 2

What's your ***recommended*** dish?

추천 요리는 무엇인가요?

Our chef's ***special*** is the steak with ***mushroom sauce***. It's delicious!

저희 셰프의 특별 요리는 버섯 소스 스테이크에요. 정말 맛있어요!

대화문 3

How is this dish? Is it ***spicy***?

이 요리는 어떤가요? 매워요?

It's ***delicious***! And yes, it's a bit spicy.

맛있어요! 그리고 네, 조금 매워요.

이렇게 말해요

이렇게 들어요

단어

popular (adj.) 인기 있는 | dish (n) 요리 | signature (n) 시그니처 | recommended (adj.) 추천된 | special (n) 특별한 것, 특별 요리 | mushroom sauce (n) 버섯 소스 | spicy (adj.) 매운 | delicious (adj.) 맛있는

식당

07. 사진 촬영 허락 요청

오늘의 패턴을 확인해보세요

이 패턴을 사용하면, 특정 행동이 적절한지 묻을 수 있습니다. **"Is it okay to [OOO]?"** 패턴은 특정 행동에 대해 허락을 구하는 상황에서 활용될 수 있습니다. [OOO] 부분에는 take pictures, use the wifi, move to another table 등 다양한 행동을 넣을 수 있습니다. 따라서, 이 패턴은 여행 중인 자신이 행동이나 요청이 적절한지 확인하고 싶을 때 유용하게 사용될 수 있습니다.

Is it okay to share this with my friends **?**

이것을 친구들과 공유해도 괜찮을까요?

이런 어휘를 사용할 수 있어요.

- take photos here
  여기서 사진을 찍어도
- record a video inside
  안에서 비디오를 녹화해도
- share this on social media
  이것을 소셜 미디어에 공유해도
- post pictures on Instagram
  인스타그램에 사진을 올려도
- take selfies here
  여기서 셀카를 찍어도
- upload this on my blog
  이것을 제 블로그에 올려도
- tag the restaurant on Facebook
  페이스북에서 이 식당을 태그해도
- post this on Twitter
  트위터에 이것을 게시해도
- share this moment on Snapchat
  스냅챗에서 이 순간을 공유해도
- hashtag the location on Instagram
  인스타그램에서 이 장소를 해시태그해도

이렇게도 말할 수 있어요.

대화문 1

이렇게 말해요

Is it okay to take ***pictures***?

사진을 찍어도 될까요?

Yes, feel free to take pictures and ***share*** them on ***social media***!

네, 자유롭게 사진을 찍고 SNS에 공유해도 됩니다!

대화문 2

Excuse me, can I take a ***photo*** of this ***beautiful*** dish?

실례합니다. 이 아름다운 요리의 사진을 좀 찍어도 되나요?

Of course! Feel free to take as many photos as you like.

물론입니다! 마음껏 사진을 찍어도 괜찮아요.

대화문 3

I want to share this ***amazing meal*** on my social media. Is it okay?

이 멋진 식사를 SNS에 공유하고 싶어요. 괜찮을까요?

이렇게 들어요

Of course! Feel free to share it and ***tag*** us too.

물론이죠! 자유롭게 공유하시고 우리를 태그해주세요.

식당

단어

picture (n) 사진 | share (v) 공유하다 | social media (n) SNS, 소셜 미디어 | photo (n) 사진 | beautiful (adj.) 아름다운 | amazing (adj.) 멋진 | meal (n) 식사 | tag (v) 태그하다

식당

08. 테이크아웃 및 배달

오늘의 패턴을 확인해보세요

이 패턴을 사용하면, 음식을 포장하거나 가져가도록 요청하는 상황에서 도움이 됩니다. **"Can you [OOO] to go?"** 패턴은 테이크아웃이 가능한지 묻거나 요청을 하고 싶을 때 사용될 수 있습니다. [OOO] 부분에는 pack, box, bag, set 등의 동사를 사용하여 음식을 가져가거나, 음식점에서 음식을 포장한다는 의도를 표현할 수 있습니다.

Can you [pack this dish] to go?

테이크아웃용으로 이 음식을 포장해 주실 수 있나요?

이런 어휘를 사용할 수 있어요.

- **pack this pasta** 이 파스타를 포장해
- **prepare these sandwiches** 이 샌드위치들을 준비해
- **wrap these leftovers** 남은 음식을 싸
- **box this pizza** 이 피자를 담아
- **bag these pastries** 이 과자들을 담아
- **pack this sushi** 이 초밥을 포장해
- **make this salad** 이 샐러드를 담아
- **pack up these desserts** 이 디저트들을 포장해
- **ready this burger** 이 버거를 준비해
- **set these drinks** 이 음료들을 준비해

이렇게도 말할 수 있어요.

대화문 1

이렇게 말해요

Can you ***pack*** this ***dish*** to go?

테이크아웃용으로 이 음식을 포장해 주실 수 있나요?

Of course! I'll pack it for you to ***take away***.

물론이죠! 포장해서 드리겠습니다.

대화문 2

Can I get this to go, please?

이걸 테이크아웃으로 주실 수 있나요?

Sure, we can pack it for you.

물론이죠, 포장해 드리겠습니다.

대화문 3

Do you offer ***delivery service*** to my ***hotel***?

호텔까지 배달 서비스 제공하나요?

이렇게 들어요

Yes, we do. Please provide your hotel ***room number*** and delivery ***address***.

네, 할 수 있습니다. 호텔 방 번호와 배달 주소를 알려주세요.

단어

pack ⓥ 포장하다 | dish ⓝ 음식 | take away ⓥ 가져가다 | delivery service ⓝ 배달 서비스 | hotel ⓝ 호텔 | room number ⓝ 방 번호 | address ⓝ 주소

식당

09. 특별 이벤트 및 프로모션

오늘의 패턴을 확인해보세요

이 패턴을 사용하면, 식당이 제공하는 특별 서비스나 프로모션을 파악할 수 있습니다. **"Do you offer a [OOO]?"** 패턴은 식당의 이벤트나 할인 정보를 쉽게 알아볼 수 있게 해줍니다. 따라서, 이 패턴은 여행객이 식사 경험을 풍부하게 하면서 혜택을 최대한 활용할 수 있게 도와주는 효과적인 문장입니다.

Do you offer a birthday discount **?**

생일 할인을 제공하시나요?

이런 어휘를 사용할 수 있어요.

holiday menu
휴일 메뉴

happy hour
해피 아워

takeout discount
포장 할인

seasonal menu
계절 메뉴

loyalty program
로열티 프로그램

vegan option
채식 메뉴

delivery service
배달 서비스

family deal
가족 세트 메뉴

business lunch
비즈니스 점심 메뉴

chef's special
셰프의 특별 요리

이렇게도 말할 수 있어요.

대화문 1

Are there any ***special events*** happening now?

현재 진행 중인 특별 이벤트가 있나요?

Yes, we have a ***promotion*** where you can get a free ***dessert*** with any main course.

네, 메인 요리를 주문하시면 디저트를 무료로 드립니다.

대화문 2

Is there any special event or promotion tonight?

오늘 밤 특별 이벤트나 프로모션이 있나요?

Yes, we have a live music performance and a 20% ***discount*** on all ***meals***.

네, 오늘은 라이브 음악 공연과 모든 음식에 20% 할인이 있습니다.

대화문 3

Could you tell me about any ***current*** promotions?

현재 진행 중인 프로모션에 대해 알려주시겠어요?

Sure! We have a ***buy-one-get-one-free*** offer on selected appetizers.

물론입니다! 특정 전채요리에서 1+1 이벤트를 하고 있어요.

이렇게 말해요

이렇게 들어요

식당

단어

special event (n) 특별 이벤트 | promotion (n) 프로모션 | dessert (n) 디저트 | discount (n) 할인 | meal (n) 음식 | current (adj.) 현재의 | buy-one-get-one-free (n) 1+1 이벤트

식당

10. 문화적 차이 이해 (미국 식당 문화)

오늘의 패턴을 확인해보세요

이 패턴을 사용하면, 다양하고 새로운 문화를 경험하고, 특성을 이해하는데 도움이 됩니다. **"Are there any [OOO]?"** 패턴을 사용하면, 지역 특성, 문화적 차이, 혹은 특별한 유의사항 등에 대해 묻는 데 유용합니다. 미리 알아야 하는 것들이 있다면 이 패턴을 이용해서 질문해 보세요.

Are there any [dining etiquette rules] **?**

식사 예절이 있을까요?

이런 어휘를 사용할 수 있어요.

- local dishes
  현지 음식
- signature dishes
  시그니처 음식
- unique drinks
  독특한 음료
- popular desserts
  인기 있는 디저트
- regional specialties
  지역 특산물
- dietary restrictions
  식사 제한
- traditional customs
  전통적인 관습
- table manners
  식사 예절
- tipping rules
  팁 규칙
- discount policies
  할인 정책

이렇게도 말할 수 있어요.

대화문 1

이렇게 말해요

Are there any ***cultural differences*** to be aware of when ***dining*** in the U.S.?

미국에서 식사할 때 알아두어야 할 문화적 차이점이 있을까요?

In the U.S., it's common to leave a ***tip*** for the server, usually around 15-20% of the bill.

미국에서는 서버에게 팁을 주는 것이 일반적이며, 보통 계산서 금액의 15~20% 정도가 됩니다.

대화문 2

I'd like to ***understand*** the cultural differences in American restaurants.

미국 식당 문화 차이에 대해 이해하고 싶어요.

In American restaurants, tipping is ***customary***, and the ***service charge*** is not included in the bill.

미국 식당에서는 팁을 주는 것이 일반적이며, 서비스료는 계산서에 포함되지 않아요.

대화문 3

Can you help me with understanding the ***cultural norms*** in US restaurants?

미국 식당에서의 문화적 관습을 이해하는 데 도움을 줄 수 있나요?

이렇게 들어요

Of course! In the US, it's common to leave a tip for good service at restaurants.

물론이죠! 미국에서는 레스토랑에서 좋은 서비스를 받으면 팁을 남기는 것이 일반적입니다.

단어

cultural difference (n) 문화적 차이점 | dine (v) 식사하다 | tip (n) 팁 | understand (v) 이해하다 | customary (adj.) 관습적인 | service charge (n) 서비스료 | cultural norm (n) 문화적 관습

CHECK 패턴 정리하기

[01~10] 앞서 배운 패턴을 이용하여, 빈 칸을 채워 문장을 완성해보세요.

01. 어떤 종류의 음식들이 메뉴에 있나요?

_______________ **dishes are on the menu?**

02. 이 요리에는 어떤 재료가 들어가 있나요?

_______________ **this dish?**

03. 이것에는 글루텐이 들어있나요?

____________ **gluten** ____________ **?**

04. 최종 계산서를 가져다 주시겠어요?

____________ **the final bill,** ____________ **?**

05. 예약은 홍길동으로 되어 있습니다.

_______________ **Gildong-Hong.**

정답

01. What types of
02. What ingredients are in
03. Is there / in this
04. Could you bring me / please
05. The reservation is under

06. 가장 인기 있는 채식 요리는 무엇인가요?

____________________ vegetarian option?

07. 이것을 친구들과 공유해도 괜찮을까요?

____________________ share this with my friends?

08. 테이크아웃용으로 이 음식을 포장해 주실 수 있나요?

_______________ pack this dish _______________ ?

09. 생일 할인을 제공하시나요?

____________________ birthday discount?

10. 식사 예절이 있을까요?

____________________ dining etiquette rules?

정답

06. What is your most popular
07. Is it okay to
08. Can you / to go
09. Do you offer a
10. Are there any

식당

PART 07

관광지

MP3

관광지

01. 명소 및 역사적 장소 방문

오늘의 패턴을 확인해보세요

이 패턴을 사용하면, 주변에 대한 정보를 쉽게 얻을 수 있습니다. "What are [OOO] in this [OOO]?" 패턴을 활용하면 여행지의 유명한 명소, 특산품, 페스티벌 등 다양한 주제에 대해 물어볼 수 있습니다. 따라서, 이 패턴은 여행자가 새로운 도시나 장소에 대한 주요 정보를 빠르게 알아내고자 할 때 매우 유용합니다.

What are [the famous tourist attractions] **in this** [city] **?**

이 도시에서 가장 유명한 관광 명소는 무엇인가요?

이런 어휘를 사용할 수 있어요.

- the attractions / city
  볼거리 / 도시
- the iconic attractions / city
  대표적인 명소 / 도시
- the famous landmarks / state
  유명한 명소 / 주
- the historical landmarks / area
  역사적인 명소 / 지역
- the must-visit sites / country
  반드시 방문해야 할 곳 / 나라
- the natural wonders / region
  경이로운 자연 경관 / 지역
- the cultural heritage sites / town
  문화유산 / 마을
- the hidden gems / neighborhood
  아직 잘 알려지지 않은 매력적인 곳 / 동네
- the architectural marvels / city
  가장 눈길을 끄는 건축물 / 도시
- the famous monuments / country
  유명한 기념비 / 나라

이렇게도 말할 수 있어요.

대화문 1

이렇게 말해요

What are the famous ***tourist attractions*** in this city?

이 도시에서 가장 유명한 관광 명소는 무엇인가요?

The ***historical castle***, ***botanical garden***, and vibrant shopping district are some of the famous attractions.

역사적인 성, 식물원, 그리고 활기찬 쇼핑 거리가 몇 가지 유명한 관광지입니다.

대화문 2

I want to visit famous ***landmarks*** and ***historical places***.

유명한 명소와 역사적 장소를 방문하고 싶어요.

Visit the Eiffel Tower and Louvre ***Museum*** in Paris, and also the Colosseum in Rome.

파리의 에펠탑과 루브르 박물관, 그리고 로마의 콜로세움을 방문하세요.

대화문 3

Could you recommend some ***popular sight***s and historical sites to visit?

인기 있는 관광지와 역사적인 장소를 추천해 줄 수 있을까요?

이렇게 들어요

Sure! You should visit the ***Statue of Liberty***, Times Square, and the Metropolitan Museum of Art in New York.

물론이죠! 뉴욕에서는 자유의 여신상, 타임스 스퀘어, 그리고 메트로폴리탄 미술관을 방문해보세요.

단어

tourist attraction ⓝ 관광 명소 | historical castle ⓝ 역사적인 성 | botanical garden ⓝ 식물원 | landmark ⓝ 명소 | historical place ⓝ 역사적 장소 | museum ⓝ 박물관 | popular sight ⓝ 인기 있는 관광지 | Statue of Liberty ⓝ 자유의 여신상

02. 투어 가이드와의 대화

오늘의 패턴을 확인해보세요

이 패턴을 사용하면, 여행자는 투어 일정에 대해 자세히 알아볼 수 있습니다. "What [OOO] will we visit [OOO]?" 패턴을 이용하면, 특정 투어나 일정에서 방문할 곳이나 경험할 활동 등을 문의할 수 있습니다. 따라서, 여행 투어를 계획하거나 투어 가이드와 소통할 때 이 패턴은 유용하게 사용될 수 있습니다.

What [places] **will we visit** [on this tour] **?**

이 투어에서 어떤 장소들을 방문하나요?

이런 어휘를 사용할 수 있어요.

- landmarks / this morning
  랜드마크 / 오늘 아침에
- historical sites / this afternoon
  역사적인 장소 / 오늘 오후에
- museums / today
  박물관 / 오늘
- temples / on our day trip
  사원 / 우리 일일 여행에서
- parks / tomorrow
  공원 / 내일
- galleries / next
  갤러리 / 다음에
- attractions / on Friday
  명소 / 금요일에
- natural sights / this weekend
  자연 경관 / 이번 주말에
- restaurants / on this tour
  식당 / 이 투어에서
- monuments / in this city
  기념비 / 이 도시에서

이렇게도 말할 수 있어요.

이렇게 말해요

이렇게 들어요

대화문 1

What places will we ***visit*** on this ***tour***?

이 투어에서 어떤 장소들을 방문하나요?

On this tour, we will visit the historic museum, the famous landmark, and the ***scenic park***.

이 투어에서는 역사적인 박물관, 유명한 랜드마크, 그리고 아름다운 공원을 방문할 예정입니다.

대화문 2

Hello, I'm your ***tour guide*** for today. Are you ***excited***?

안녕하세요, 오늘 당신의 투어 가이드입니다. 기대되시나요?

Can you speak slowly? I don't ***understand*** English well.

천천히 말해주시겠어요? 영어를 잘 못합니다.

대화문 3

I'd like to learn about the ***history*** and ***significance*** of this place.

이 곳의 역사와 중요성에 대해 배우고 싶어요.

Of course! Let me give you a detailed tour and share its fascinating history.

물론이죠! 자세한 투어를 해드리면서 흥미로운 역사를 알려드릴게요.

단어

visit (v) 방문하다 | tour (n) 투어 | scenic park (n) 아름다운 공원 | tour guide (n) 투어 가이드 | excited (adj.) 기대되는 | understand (v) 이해하다 | history (n) 역사 | significance (n) 중요성

관광지

03. 티켓 구매 및 정보 이해

오늘의 패턴을 확인해보세요

이 패턴을 사용하면, 구매한 티켓으로 어디를 방문할 수 있는지 확인할 수 있습니다. "Where can I enter with [OOO]?"라는 패턴은 특히 복합적인 관광지나 이벤트장에서 어디를 방문할 수 있는지 이해하는데 도움이 됩니다. 따라서, 복잡한 관광지에서 티켓의 사용범위를 확인하고자 할 때 유용하게 사용할 수 있습니다.

Where can I enter with [this ticket]?

이 티켓으로 어디에 입장할 수 있나요?

이런 어휘를 사용할 수 있어요.

this admission ticket
이 입장권

this attraction ticket
이 관광지 티켓

this theme park ticket
이 테마파크 티켓

this guided tour ticket
이 가이드 투어 티켓

this cultural attraction ticket
이 문화 관광 티켓

this museum pass
이 박물관 입장권

this concert pass
이 콘서트 입장권

this festival bracelet
이 페스티벌 팔찌

this event wristband
이 이벤트 팔찌

this tour voucher
이 투어 바우처

이렇게도 말할 수 있어요.

대화문 1

이렇게 말해요

Where can I ***enter*** with this ***ticket***?

이 티켓으로 어디에 입장할 수 있나요?

You can enter through the ***main entrance*** with this ticket.

이 티켓으로 정문을 통해 입장할 수 있습니다.

대화문 2

Excuse me, where can I ***buy*** tickets for this ***attraction***?

실례합니다. 이 관광지 티켓은 어디서 구매할 수 있나요?

You can buy tickets at the ***ticket counter*** over there.

저기 매표소에서 티켓을 구매하실 수 있습니다.

대화문 3

Could you please ***explain*** the information about the tour in simple Korean?

이 투어에 대한 정보를 간단한 한글로 설명해주시겠어요?

이렇게 들어요

Sure, I'll provide you with the tour ***details*** in easy-to-understand Korean.

물론이죠. 여행에 대한 자세한 정보를 쉽게 이해할 수 있는 한국어로 안내해 드릴게요.

단어

enter ⓥ 입장하다 | ticket ⓝ 티켓 | main entrance ⓝ 정문 입구 | buy ⓥ 구매하다 | attraction ⓝ 관광지 | ticket counter ⓝ 매표소 | explain ⓥ 설명하다 | detail ⓝ 세부 정보

04. 사진 촬영 및 SNS 공유

오늘의 패턴을 확인해보세요

이 패턴을 사용하면, 사진 촬영이 허용되는지 묻는 데 도움이 됩니다. "Can I [OOO] here?" 패턴은 특정 행동이 그 위치에서 가능한지 확인하는 데 사용됩니다. 따라서, 방문한 장소에서 사진 촬영이나 기타 행동을 하기 전에 허용 여부를 확인하는데 유용하게 사용할 수 있습니다.

Can I [take pictures] here?

여기서 사진 촬영해도 되나요?

이런 어휘를 사용할 수 있어요.

- use my phone to take a selfie
  제 핸드폰으로 셀카를 찍어도
- take pictures with my professional camera
  제 전문 카메라로 사진을 찍어도
- use a flash while photographing the artwork
  작품을 사진 찍을 때 플래시를 사용해도
- set up my tripod for photography
  제 삼각대를 설치해서 사진을 찍어도
- use a microphone for my vlog while shooting
  블로그 촬영을 위해 마이크를 사용해도
- use a selfie stick for my video blogging
  비디오 블로그 촬영을 위해 셀카봉을 사용해도
- shoot a video with my drone
  제 드론으로 비디오를 촬영해도
- use a GoPro to capture my experience
  GoPro를 사용해서 내 경험을 촬영해도
- share my photos of this monument on social media
  이 기념비의 사진을 SNS에 공유해도
- livestream my visit to this museum
  제 박물관 방문을 라이브 스트리밍해도

이렇게도 말할 수 있어요.

이렇게 말해요

대화문 1

Can I take ***pictures*** here?

여기서 사진 촬영해도 되나요?

Yes, ***photography*** is ***allowed*** in this area.

네, 이 지역에서는 사진 촬영이 허용됩니다.

대화문 2

Excuse me, can you take a ***photo*** for me, please?

실례합니다. 사진 한 장 찍어주시겠어요?

Of course, how would you like a picture to be ***taken***?

물론이죠. 어떻게 찍어드릴까요?

대화문 3

I'd like to share this beautiful place on my ***social media***.
Is there ***Wi-Fi*** available?

이 멋진 곳을 SNS에 공유하고 싶은데, Wi-Fi를 사용할 수 있나요?

Yes, we have free Wi-Fi ***available*** for our guests.

네, 고객님을 위해 무료 와이파이를 제공하고 있어요.

이렇게 들어요

관광지

단어

picture (n) 사진 | photography (n) 사진 촬영 | be allowed (v) 허용되다 | photo (n) 사진 | take (v) (사진을) 찍다 | social media (n) 소셜 미디어, SNS | Wi-Fi (n) 와이파이 | available (adj.) 사용 가능한

관광지

05. 지역 문화 및 역사 이해

오늘의 패턴을 확인해보세요

이 패턴을 사용하면, 특정 활동에 참여할 수 있는지 질문하는 데 도움이 됩니다. **"Can I join [OOO]?"** 패턴은 여행자가 투어, 클래스, 이벤트 등에 참여하려 할 때 적합합니다. 따라서, 해당 지역의 문화나 역사를 더 깊이 이해하기 위해 투어 가이드나 강의 등에 참여 가능한지를 묻는 데 유용하게 사용할 수 있습니다.

Can I join a guided tour **?**

가이드 투어에 참가할 수 있나요?

이런 어휘를 사용할 수 있어요.

- **the museum tour** 미술관 투어
- **the city sightseeing bus** 시내 관광 버스
- **the historical walk** 역사 산책 투어
- **the culinary tour** 요리 투어
- **the music festival** 음악 축제
- **the wine tasting tour** 와인 시음 투어
- **the pottery class** 도자기 수업
- **the nature hike** 자연 트레킹
- **the painting workshop** 그림 워크샵
- **the photography excursion** 사진 촬영 투어

이렇게도 말할 수 있어요.

이렇게 말해요

대화문 1

Can I join a ***guided tour*** to learn more about the ***culture*** and ***history***?

문화와 역사를 더 알아보기 위해 가이드 투어에 참가할 수 있나요?

Absolutely, we offer guided tours that provide ***in-depth insights*** into the culture and history of the ***area***.

물론이죠. 우리는 지역의 문화와 역사에 대해 깊이 있는 통찰력을 제공하는 가이드 투어를 제공합니다.

대화문 2

Could you tell me more about the ***local*** culture and history?

현지 문화와 역사에 대해 더 알려주시겠어요?

Sure! Our culture is a ***blend*** of ancient traditions and modern influences.

물론이죠! 우리 문화는 고대 전통과 현대적 영향의 조합입니다.

대화문 3

Is there a guided tour available to learn about the local culture and history?

현지 문화와 역사를 배울 수 있는 가이드 투어가 있나요?

Yes, we offer guided tours that provide insights into the local culture and history.

네, 현지 문화와 역사를 소개하는 가이드 투어를 제공하고 있습니다.

이렇게 들어요

관광지

단어

guided tour (n) 가이드 투어 | culture (n) 문화 | history (n) 역사 | in-depth (adj.) 깊이 있는 | insight (n) 통찰력 | area (n) 지역 | local (adj.) 현지의 | blend (n) 혼합

06. 방문객 규칙 및 안전 지침

오늘의 패턴을 확인해보세요

이 패턴을 사용하면, 특정 장소의 규칙이나 지침을 확인하는 데 도움이 됩니다. "What are the rules for [OOO]?" 패턴은 특정 장소에서의 동작이나 행동에 대한 제한을 알아볼 때 유용합니다. 따라서, 여러분이 준수해야 할 규칙이나 안전 지침을 알고 싶을 때, 이 패턴을 사용하여 직접 확인할 수 있습니다.

What are the rules for visitors here **?**

이곳에서 방문객들이 지켜야 하는 규칙은 무엇인가요?

이런 어휘를 사용할 수 있어요.

- photography in the gallery
  갤러리에서 사진을 찍을 때
- using public transport
  대중교통을 이용할 때
- visiting the museum
  박물관을 방문할 때
- camping in the park
  공원에서 캠핑할 때
- picnicking in this area
  이 지역에서 피크닉을 할 때
- swimming in the lake
  호수에서 수영할 때
- hiking on this trail
  이 등산로를 이용할 때
- cycling in the city center
  시내에서 자전거를 탈 때
- fishing in this river
  이 강에서 낚시할 때
- visiting the zoo
  동물원을 방문할 때

이렇게도 말할 수 있어요.

이렇게 말해요

대화문 1

What are the ***rules*** for ***visitors*** here?

이곳에서 방문객들이 지켜야 하는 규칙은 무엇인가요?

Stay on the ***designated paths*** and avoid touching ***exhibits*** for everyone's ***safety***.

안전을 위해 지정된 길을 따라 다니시고 전시물에 손을 대지 마세요.

대화문 2

Could you please explain the visitor rules and safety ***guidelines***?

방문객 규칙과 안전 지침을 설명해 주시겠어요?

Of course! All visitors must stay on designated paths, and no ***smoking*** is allowed.

물론이죠! 모든 방문객은 지정된 경로를 따라 다녀야 하며,
흡연은 금지되어 있습니다.

대화문 3

Where can I find information about the visitor rules and safety guidelines?

방문객 규칙과 안전 지침에 대한 정보는 어디에서 얻을 수 있을까요?

You can find the information at the ***information center*** or on the signs around the site.

안내소나 현장 주변의 표지판에서 해당 정보를 얻을 수 있습니다.

이렇게 들어요

관광지

단어

rule ⓝ 규칙 | visitor ⓝ 방문객 | designated path ⓝ 지정된 길 | exhibit ⓝ 전시물 | safety ⓝ 안전 | guideline ⓝ 지침 | smoking ⓝ 흡연 | information center ⓝ 안내소

07. 여행 회사와의 대화

오늘의 패턴을 확인해보세요

이 패턴을 사용하면, 특정 행동에 관심이 있음을 명확하게 표현할 수 있습니다. "I'm interested in [OOO]." 패턴은 특히 관광지를 방문하거나 여행 회사와 상담할 때, 자신의 선호나 의향을 직접적으로 나타내기 위해 활용됩니다. 이 패턴을 사용하면, 자신이 원하는 여행 경험을 더욱 효과적으로 계획하고 실현시킬 수 있습니다.

I'm interested in a guided tour to the Grand Canyon **.**

그랜드 캐년 가이드 투어에 관심이 있습니다.

이런 어휘를 사용할 수 있어요.

- cultural tours
  문화 투어
- outdoor activities
  야외 활동
- historic sites
  역사적인 장소
- food tasting tours
  음식 시식 투어
- city sightseeing
  시내 관광
- hiking tours
  등산 투어
- photography trips
  사진 촬영 여행
- adventure sports
  모험 스포츠
- night tours
  야간 투어
- music festivals
  음악 축제

이렇게도 말할 수 있어요.

이렇게 말해요

대화문 1

I'm interested in a ***guided tour*** to the ***Grand Canyon***.

그랜드 캐년 가이드 투어에 관심이 있습니다.

We offer guided tours to the Grand Canyon, and I can assist you with the booking.

우리는 그랜드 캐니언으로의 가이드 투어를 제공하며, 예약을 도와드릴 수 있어요.

대화문 2

Can you help me with ***communication*** with the ***travel agency***?

여행 회사와 소통하는 데 도움을 주시겠어요?

Certainly, I can assist in ***translating*** and conveying your inquiries.

물론이죠. 귀하의 문의를 번역하고 전달하는 데 도움을 드리겠습니다.

대화문 3

I need ***assistance*** talking to the travel agency.

여행 회사와 대화하는 데 도움이 필요해요.

이렇게 들어요

Sure, I can help you with that. What do you need to ***discuss***?

물론, 도와드릴게요. 어떤 내용을 논의해야 하나요?

단어

guided tour (n) 가이드 투어 | Grand Canyon (n) 그랜드 캐년 | communication (n) 소통 | travel agency (n) 여행사 | translate (v) 번역하다 | assistance (n) 도움 | discuss (v) 논의하다

관광지 08. 숙소 및 식사 예약

오늘의 패턴을 확인해보세요

이 패턴을 사용하면, 여행지에서 특정 장소에 예약을 원하는 의사를 명확하게 표현할 수 있습니다. "I would like to make a reservation [OOO]." 패턴은 숙소나 식당을 예약하고자 할 때에 매우 유용합니다. 이 패턴으로 원하는 시간과 장소, 그리고 인원 등을 구체적으로 명시하면, 보다 편리한 여행을 즐길 수 있게 됩니다. 따라서, 이 패턴은 여행 중 필수적으로 익혀두어야 할 표현 중 하나입니다.

I would like to make a reservation at a good restaurant nearby .

근처에 좋은 레스토랑 예약을 하고 싶습니다.

이런 어휘를 사용할 수 있어요.

for two nights
2박

for a suite room
스위트룸

for a double bedroom
더블 베드룸

for a sea view room
바다가 보이는 방

for dinner
저녁 식사

for a table by the window
창가 테이블

for a guided tour
가이드 투어

for a cooking class
요리 수업

for a diving course
다이빙 코스

for a wine tasting event
와인 시음 이벤트

이렇게도 말할 수 있어요.

이렇게 말해요

이렇게 들어요

관광지

대화문 1

I would like to make a ***reservation*** at a good ***restaurant nearby***.

근처에 좋은 레스토랑 예약을 하고 싶습니다.

Certainly, I can recommend some nearby restaurants and help you make a reservation.

물론이죠. 근처 레스토랑 몇 군데를 추천해 드리고 예약을 도와드리겠습니다.

대화문 2

Can you assist me with ***hotel*** and ***meal*** reservations?

숙소와 식사 예약을 도와주시겠어요?

Of course, I can help you with both hotel and meal ***bookings***.

물론이죠. 호텔과 식사 예약 둘 다 도와드리겠습니다.

대화문 3

I need help making reservations for ***accommodation*** and meals.

숙소와 식사를 예약하는데 도움이 필요해요.

Of course, I can ***assist*** you with that. When and where would you like to book?

물론이죠. 도와드릴게요. 언제와 어디에 예약을 원하시나요?

단어

reservation (n) 예약 | restaurant (n) 레스토랑 | nearby (adj.) 근처의 | hotel (n) 숙소 | meal (n) 식사 | booking (n) 예약 | accommodation (n) 숙소 | assist (v) 돕다

09. 여행 취소 및 변경

오늘의 패턴을 확인해보세요

이 패턴을 사용하면, 여행 일정이나 예약에 대한 변경 요청을 명확하게 할 수 있습니다. "Is it possible to change [OOO]?"라는 패턴은 여행 일정, 투어 일정, 호텔 예약 등 다양한 상황에서 사용할 수 있습니다. 따라서, 변동 가능성이 있는 여행에서는 이 패턴을 통해 필요한 변경 사항을 쉽게 요청할 수 있습니다.

Is it possible to change my travel dates **?**

여행 날짜 변경이 가능한가요?

이런 어휘를 사용할 수 있어요.

- my flight date
  제 비행일
- the hotel reservation
  호텔 예약
- the pick-up time
  픽업 시간
- the tour schedule
  투어 일정
- the destination
  목적지
- the seat assignment
  좌석 배치
- the meal plan
  식사 계획
- the return date
  귀국 일정
- the rental car
  렌트카
- the train ticket
  기차 티켓

이렇게도 말할 수 있어요.

이렇게 말해요

대화문 1

Is it possible to ***change*** my ***travel dates***?

여행 날짜 변경이 가능한가요?

Yes, it's possible to change your travel dates,
but there may be some ***fees*** involved depending on the policy.

네, 여행 날짜를 변경할 수 있어요.
다만 정책에 따라 수수료가 발생할 수 있습니다.

대화문 2

I need to ***cancel*** or change my ***travel plans***.

여행 일정을 취소하거나 변경해야 해요.

Sure, let me check the ***options*** for you.

물론이죠, 옵션을 확인해 보겠습니다.

대화문 3

Can you help me with canceling or ***modifying*** my trip?

여행 일정을 취소하거나 수정하는 데 도움을 받을 수 있을까요?

Certainly, I can assist you with that.
Please provide me with the ***details*** of your trip.

물론, 도와드릴 수 있습니다. 여행에 대한 세부사항을 알려주세요.

이렇게 들어요

관광지

단어

change ⓥ 변경하다 | travel date ⓝ 여행 날짜 | fee ⓝ 수수료 | cancel ⓥ 취소하다 | travel plan ⓝ 여행 일정 | option ⓝ 옵션 | modify ⓥ 수정하다 | detail ⓝ 세부사항

관광지

10. 긴급 상황 대응

오늘의 패턴을 확인해보세요

이 패턴을 사용하면, 본인의 의견이나 생각을 명확하게 표현할 수 있습니다. "I think [OOO]." 패턴은 특히 불편한 상황이나 긴급 상황을 나타낼 때 유용합니다. 따라서, 이 패턴은 주변 환경이나 여건에 대한 자신의 의견이나 느낌을 표현하는데 매우 도움이 됩니다.

I think someone is following me **.**

저를 따라오는 사람이 있는 것 같아요.

이런 어휘를 사용할 수 있어요.

- **the museum is closed today**
  오늘 박물관이 문을 닫은 것
- **it's going to rain soon**
  곧 비가 올 것
- **the park is too crowded**
  이 공원이 너무 붐비는 것
- **the entrance fee is too expensive**
  입장료가 너무 비싼 것
- **the tour guide is not coming**
  투어 가이드가 안 올 것
- **the show has been cancelled**
  공연이 취소된 것
- **we're lost**
  저희가 길을 잃은 것
- **the bus is late**
  버스가 늦을 것
- **the last train has already left**
  마지막 기차가 이미 출발한 것
- **the exhibition ends next week**
  전시회가 다음 주에 종료될 것

이렇게도 말할 수 있어요.

대화문 1

I think someone is ***following*** me.

저를 따라오는 사람이 있는 것 같아요.

I understand. Please stay calm,
and I will notify our ***security immediately***.

이해했습니다. 차분하게 계시고,
저는 즉시 보안팀에 알릴게요.

대화문 2

I need help! There's an ***emergency***!

도와주세요! 긴급 상황이 발생했어요!

Stay calm, I'll call for ***assistance*** immediately.

진정하세요, 즉시 도움을 요청하겠습니다.

대화문 3

Is there a ***hospital*** or ***police station nearby***?

주변에 병원이나 경찰서가 있나요?

Yes, there's a hospital two blocks away
and a police station just around the corner.

네, 두 블록 떨어진 곳에 병원이 있고,
바로 근처에 경찰서가 있어요.

이렇게 말해요

이렇게 들어요

단어

follow (v) 따라오다 | security (n) 보안 | immediately (adv.) 즉시 | emergency (n) 응급 상황 | assistance (n) 도움 | hospital (n) 병원 | police station (n) 경찰서 | nearby (adj.) 근처에

CHECK 패턴 정리하기

[01~10] 앞서 배운 패턴을 이용하여, 빈 칸을 채워 문장을 완성해보세요.

01. 이 도시에서 가장 유명한 관광 명소는 무엇인가요?

__________ **the famous tourist attractions** __________ **city?**

02. 이 투어에서는 어떤 장소들을 방문하나요?

__________ **places** __________ **on this tour?**

03. 이 티켓으로 어디에 입장할 수 있나요?

____________________ **this ticket?**

04. 여기서 사진 촬영해도 되나요?

__________ **take pictures** __________ **?**

05. 가이드 투어에 참가할 수 있나요?

____________________ **a guided tour?**

정답

01. What are / in this
02. What / will we visit
03. Where can I enter with
04. Can I / here
05. Can I join

06. 이곳에서 방문객들이 지켜야 하는 규칙은 무엇인가요?

______________________________ **visitors here?**

07. 그랜드 캐년 가이드 투어에 관심이 있습니다.

______________________________ **a guided tour to the Grand Canyon.**

08. 근처에 좋은 레스토랑 예약을 하고 싶습니다.

______________________________ **at a good restaurant nearby.**

09. 여행 날짜 변경이 가능한가요?

______________________________ **my travel dates?**

10. 저를 따라오는 사람이 있는 것 같아요.

______________________________ **someone is following me.**

정답

06. What are the rules for
07. I'm interested in
08. I would like to make a reservation
09. Is it possible to change
10. I think

PART 08

거리

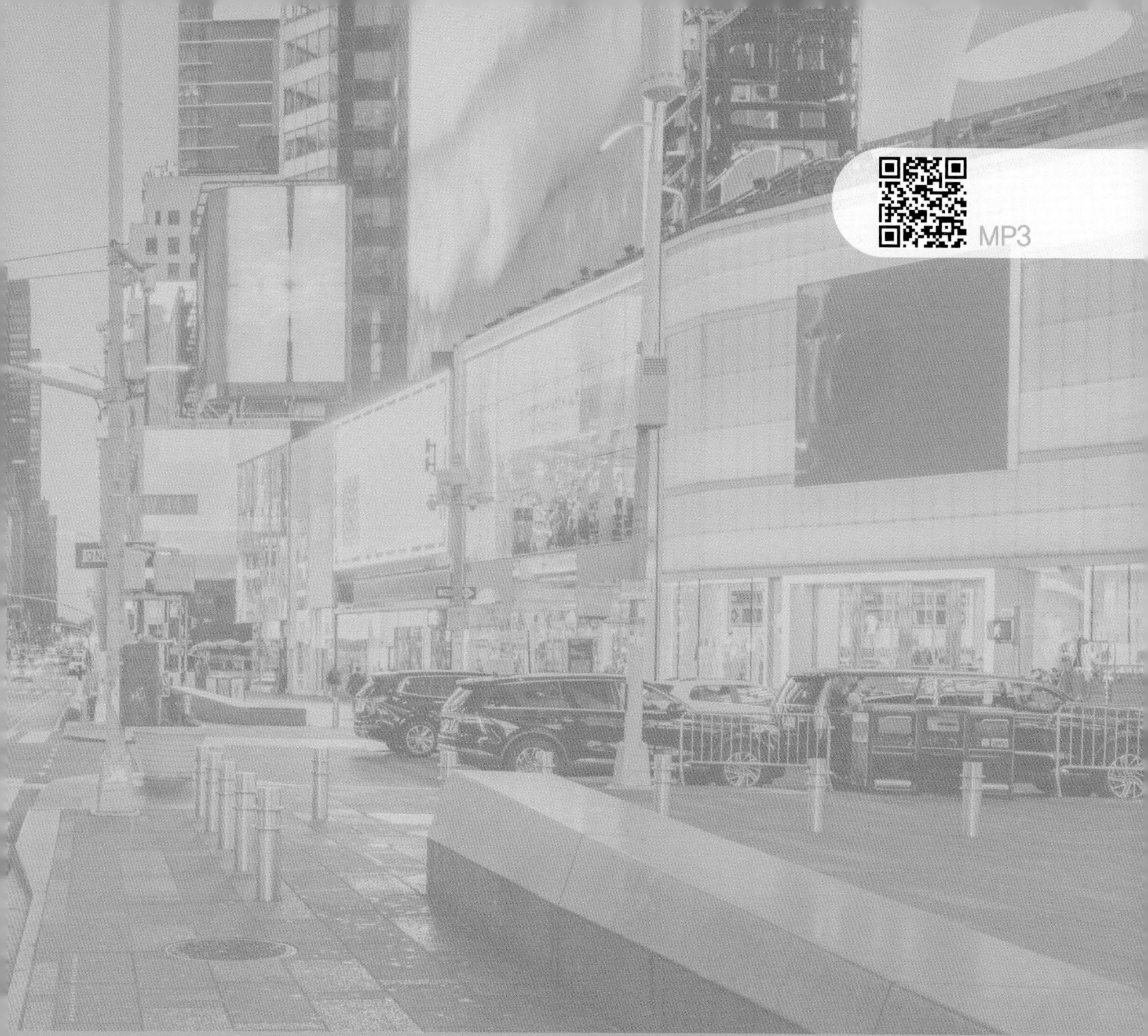
MP3

거리

01. 길 찾기 및 지역 정보 요청

오늘의 패턴을 확인해보세요

이 패턴을 사용하면, 목적지까지의 위치에 대한 정보를 요청할 수 있습니다. **"Please tell me [OOO]."**라는 패턴은 질문을 통해 구체적인 정보를 얻을 수 있습니다. 따라서, 이 패턴은 거리에서 방향을 잃었거나 특정 장소에 대한 정보가 필요할 때 유용하게 사용할 수 있습니다.

Please tell me [the directions to/of] **the nearest** [hospital] **.**

가장 가까운 병원까지 가는 길을 알려주세요.

이런 어휘를 사용할 수 있어요.

- **the directions to / subway station**
  지하철 역까지 가는 길
- **the direction of / ATM**
  ATM까지 가는 길
- **the location of / parking lot**
  주차장의 위치
- **the location of / restaurant**
  식당의 위치
- **the way to / post office**
  우체국까지 가는 길
- **the way to / tourist attraction**
  관광 명소까지 가는 길
- **the route to / museum**
  박물관까지 가는 길
- **the route to / bus stop**
  버스 정류장까지 가는 길
- **the address of / hotel**
  호텔의 주소
- **the address of / convenience store**
  편의점의 주소

이렇게도 말할 수 있어요.

대화문 1

이렇게 말해요

Please tell me how to get to this ***place***.

이곳으로 어떻게 가는지 알려주세요.

Sure, you can take a bus from the nearest ***bus stop***, and it will take you ***directly*** there.

물론이에요. 가장 가까운 버스 정류장에서 버스를 타시면, 바로 거기로 갈 수 있어요.

대화문 2

Excuse me,
how can I get to the nearest ***subway station***?

실례합니다. 가장 가까운 지하철 역은 어떻게 가나요?

It's just two ***blocks*** straight ahead, on your left.

바로 앞으로 두 블록 직진하시면 왼쪽에 지하철 역이 있습니다.

대화문 3

Is there a ***tourist information*** center around here?

근처에 관광 안내소가 있나요?

이렇게 들어요

Yes, there's one just a few blocks away, near the ***main square***.

네, 몇 블럭 떨어진 곳인데, 메인 광장 근처에요.

단어

place (n) 장소 | bus stop (n) 버스 정류장 | directly (adv.) 바로 | subway station (n) 지하철 역 | blocks (n) 블록 | tourist information center (n) 관광 안내소 | main square (n) 메인 광장

거리

02. 상황별 반응 (도난, 긴급 상황 등)

오늘의 패턴을 확인해보세요

이 패턴을 사용하면, 주변에서 발생하는 이상한 상황이나 불편함을 보고할 수 있습니다. "I've noticed [OOO]." 패턴은 관찰한 상황을 표현하는데 사용됩니다. 따라서, 이 패턴은 긴급 상황이나 문제를 신속하게 보고할 때 특히 유용합니다.

I've noticed some unusual activity **.**

이상한 활동을 발견했습니다.

이런 어휘를 사용할 수 있어요.

- a suspicious person near the ATM
  ATM 근처에 수상해 보이는 사람
- that the traffic light is not working
  신호등이 작동하지 않는 것
- that the crosswalk signal is broken
  횡단보도 신호가 고장 난 것
- that the street light is out
  가로등이 꺼져 있는 것
- a lost child in the park
  공원에서 길을 잃은 아이
- some graffiti on the wall
  벽에 그래피티가 그려져 있는 것
- a car parked in the no-parking zone
  주차 금지 구역에 차가 주차되어 있는 것
- a lot of trash on the street
  거리에 쓰레기가 많이 떨어져 있는 것
- a sinkhole on the road
  도로에 깊은 구멍이 있는 것
- a fallen tree blocking the sidewalk
  인도를 가로막고 있는 넘어진 나무

이렇게도 말할 수 있어요.

이렇게 말해요

이렇게 들어요

대화문 1

I've noticed some ***unusual activity***.

이상한 활동을 발견했습니다.

Thank you for letting us know.
We will ***investigate*** it right away.

알려주셔서 감사합니다. 바로 조사하겠습니다.

대화문 2

Help! I've been ***robbed***! Call the ***police***, please!

도와주세요! 도둑맞았어요! 경찰을 불러주세요!

Stay calm, I'll call the police right away.

진정하세요, 즉시 경찰에게 전화하겠습니다.

대화문 3

Is there a ***hospital*** nearby?
I need ***urgent*** medical help.

근처에 병원이 있나요? 긴급한 의료 도움이 필요해요.

Yes, there's a hospital just a few minutes away.
Let me call an ***ambulance*** for you.

네, 조금만 더 가면 병원이 있어요. 지금 구급차를 호출하겠습니다.

단어

unusual (adj.) 이상한 | activity (n) 활동 | investigate (v) 조사하다 | be robbed (v) 도둑맞다 | police (n) 경찰 | hospital (n) 병원 | urgent (adj.) 긴급한 | ambulance (n) 구급차

거리

03. 행사 및 축제 참여

오늘의 패턴을 확인해보세요

이 패턴을 사용하면, 거리에서 열리는 행사나 축제의 일정을 빠르게 확인할 수 있습니다. **"What events are taking place [OOO]?"** 패턴은 현지 문화를 깊이 이해하고 경험하기 위해 축제나 행사에 참여하기 위해 필요한 정보를 쉽고 빠르게 얻을 수 있도록 돕습니다. 따라서, 이 패턴은 현지 문화를 적극적으로 체험하고, 새로운 경험을 만끽할 수 있도록 하는 중요한 패턴이 될 것입니다.

What events are taking place [in the morning] **?**

아침에 어떤 행사가 열리나요?

이런 어휘를 사용할 수 있어요.

- **this weekend** 이번 주말에
- **in the evening** 저녁에
- **in the city center** 시내에서
- **during the summer** 여름 동안
- **during the holiday season** 휴일 시즌에
- **at the park** 공원에서
- **at the cultural center** 문화 센터에서
- **at the stadium** 경기장에서
- **near the beach** 해변 근처에서
- **on the main street** 중심가에서

이렇게도 말할 수 있어요.

이렇게 말해요

대화문 1

What ***events*** are taking place in this area?

이 지역에서 어떤 행사가 열리나요?

There's a ***food festival*** happening at the park and a ***music concert*** near the waterfront.

공원에서 음식 축제가 열리고 해변가 근처에서 음악 콘서트가 있어요.

대화문 2

Are there any events or festivals happening here?

이곳에서 어떤 행사나 축제가 열리고 있나요?

Yes, there's a ***cultural festival*** in the park this weekend.

네, 이번 주말에 공원에서 문화 축제가 있습니다.

대화문 3

I'd like to join the ***local celebration***. Where is it?

현지 행사에 참여하고 싶어요. 어디에서 열리나요?

The celebration is taking place in the ***town square***, just a few blocks from here.

행사는 이 곳에서 몇 블록 떨어진 도시 광장에서 진행 중이에요.

이렇게 들어요

단어

event ⓝ 행사 | food festival ⓝ 음식 축제 | music concert ⓝ 음악 콘서트 | cultural festival ⓝ 문화 축제 | local celebration ⓝ 현지 행사 | town square ⓝ 도시 광장

거리

04. 현지인과의 간단한 대화

오늘의 패턴을 확인해보세요

이 패턴을 사용하면, 현지인에게 도움을 청할 때 매우 유용합니다. **"Can you help me with [OOO]?"**라는 패턴은 길을 찾는 것과 같이 특정한 도움을 요청하고자 할 때 사용됩니다. 따라서, 이 패턴은 현지인과의 간단한 대화를 통해 필요한 도움을 얻고자 할 때 매우 유용합니다.

Can you help me with understanding the local currency **?**

현지 화폐를 이해하는 데 도와주실 수 있나요?

이런 어휘를 사용할 수 있어요.

- directions
  길 안내를
- finding a restaurant
  식당 찾는 데
- public transportation
  대중 교통 이용에
- translating this phrase
  이 구절을 번역하는 데
- local attractions
  현지 관광지에 대해
- hailing a taxi
  택시를 잡는 데
- local customs
  현지 풍속에 대해
- getting a SIM card
  SIM 카드를 구입하는 데
- using the public restroom
  공공 화장실 이용에
- finding a local market
  현지 시장 찾는 데

이렇게도 말할 수 있어요.

대화문 1

이렇게 말해요

Excuse me, can you help me with ***directions***?

죄송하지만, 길을 좀 알려주실 수 있나요?

Of course, where do you want to ***go***?

물론이죠, 어디로 가시려고요?

대화문 2

Excuse me, do you ***speak*** English?

실례합니다. 영어 할 줄 아세요?

Yes, I do. How can I ***assist*** you?

네, 할 줄 압니다. 어떻게 도와드릴까요?

대화문 3

Hello! Can you ***recommend*** a good ***restaurant*** around here?

안녕하세요! 근처에 좋은 식당 추천해 주시겠어요?

이렇게 들어요

Sure! There's a great ***Italian*** restaurant just down the ***street***.

물론이에요! 길 따라 조금 가면 멋진 이탈리안 레스토랑이 있어요.

단어

direction (n) 길 안내 | go (v) 가다 | speak (v) 말하다 | assist (v) 돕다 | recommend (v) 추천하다 | restaurant (n) 식당 | Italian (adj.) 이탈리아의 | street (n) 거리

05. 시장 및 먹거리 탐색

오늘의 패턴을 확인해보세요

이 패턴을 사용하면, 지역의 인기 있는 것들을 알아볼 수 있습니다. "What's a popular [OOO]?"라는 패턴은 특정 장소의 대표적인 음식이나 관광 명소와 같은 유명한 것에 대해 묻는 데 활용됩니다. 따라서, 이 패턴은 현지의 인기있는 먹거리나 관광 명소를 탐색하고자 할 때 매우 유용합니다.

What's a popular [dish here]?

여기 인기 있는 음식은 무엇인가요?

이런 어휘를 사용할 수 있어요.

- market in this area
  이 지역의 인기 있는 시장
- drink in this country
  이 나라에서 인기 있는 음료
- street food here
  여기에서 인기 있는 길거리 음식
- dessert in this city
  이 도시에서 인기 있는 디저트
- souvenir from this town
  이 마을에서 인기 있는 기념품
- attraction in this region
  이 지역에서 인기 있는 관광 명소
- festival in this country
  이 나라에서 인기 있는 축제
- local product here
  여기에서 인기 있는 지역 제품
- cultural event in this city
  이 도시에서 인기 있는 문화 행사
- art exhibit in this area
  이 지역에서 인기 있는 미술 전시

이렇게도 말할 수 있어요.

대화문 1

이렇게 말해요

What's a ***popular street food*** here?

여기 인기 있는 길거리 음식은 무엇인가요?

Try the local specialty - the famous ***grilled skewers***!

이 지역 특산품인 유명한 꼬치 구이를 드셔보세요!

대화문 2

Where is the nearest ***market***?

가장 가까운 시장이 어디에 있나요?

It's just around the ***corner***, to your right.

바로 근처에 있어요. 오른쪽으로 쭉 가면 됩니다.

대화문 3

이렇게 들어요

I want to ***explore*** local food. Any ***recommendations***?

현지 음식을 먹어보고 싶어요. 추천해 주시겠어요?

You should try the street food market nearby.
It's famous for its ***diverse*** local dishes.

근처의 길거리 음식 시장에서 시도해보세요.
다양한 현지 요리로 유명해요.

단어

popular (adj.) 인기 있는 | street food (n) 길거리 음식 | grilled skewer (n) 꼬치 구이 | market (n) 시장 | corner (n) 모퉁이 | explore (v) 탐색하다 | recommendation (n) 추천 | diverse (adj.) 다양한

06. 도시 투어 및 도보 투어

오늘의 패턴을 확인해보세요

이 패턴을 사용하면, 다양한 서비스를 예약하는 데 필요한 요청을 쉽게 표현할 수 있습니다. "I would like to book [OOO]." 패턴은 호텔, 레스토랑, 시티 투어 등에 활용됩니다. 이 문장은 여행지에서 특정 서비스를 예약하고 싶을 때 유용하게 사용할 수 있습니다. 따라서, 복잡한 상황에서도 원하는 서비스를 정확하게 요청할 수 있습니다.

I would like to book an evening tour **.**

저녁 투어를 예약하고 싶어요.

이런 어휘를 사용할 수 있어요.

a city tour
도시 투어

a walking tour
도보 투어

a guided tour
가이드 투어

a historical tour
역사 투어

an architectural tour
건축 투어

a cultural tour
문화 투어

a food tour
음식 투어

a nature tour
자연 투어

a photography tour
사진 투어

a cultural heritage tour
문화유산 투어

이렇게도 말할 수 있어요.

이렇게 말해요

이렇게 들어요

대화문 1

I would like to ***book*** a ***city tour***.

도시 투어를 예약하고 싶습니다.

Sure, let me help you with that.

네, 도와드리겠습니다.

대화문 2

Is there a city tour available?

도시 투어가 가능한가요?

Yes, we offer ***guided*** city tours starting from the ***main square***.

네, 메인 광장에서 출발하는 가이드 도시 투어를 제공하고 있습니다.

대화문 3

I'm interested in a ***walking tour***, can you provide more information?

도보 투어에 관심 있어요. 자세한 정보를 알려주세요.

Our walking tours cover ***historical landmarks*** and ***local attractions***.

저희 도보 투어는 역사적인 유적지와 현지 명소를 포함하고 있어요.

단어

book ⓥ 예약하다 I city tour ⓝ 도시 투어 I guided (adj.) 가이드가 함께 하는 I main square ⓝ 메인 광장 I walking tour ⓝ 도보 투어 I historical landmark ⓝ 역사적인 유적지 I local attraction ⓝ 현지 명소

07. 노상 판매자와의 대화

오늘의 패턴을 확인해보세요

이 패턴을 사용하면, 상품이나 서비스의 가격을 묻는 데 필요한 질문을 간결하게 할 수 있습니다. "How much is [OOO]?" 이라는 문장 패턴은 상품이나 서비스의 가격을 물어보는 데 사용합니다. 이는 여행지에서 쇼핑하거나 서비스를 이용하려 할 때 매우 중요한 패턴입니다. 따라서, 이 문장은 금액을 명확하게 이해하고 원활하게 거래를 진행하는 데 큰 도움이 됩니다.

How much is this item for sale **?**

이 물품 가격은 얼마인가요?

이런 어휘를 사용할 수 있어요.

- the souvenir — 기념품
- the handmade jewelry — 수제 보석
- the street food — 길거리 음식
- the traditional crafts — 전통 공예품
- the fresh produce — 신선한 농산물
- the vintage clothing — 빈티지 옷
- the handmade ceramics — 수제 도자기
- the local honey — 지역 꿀
- the artisanal soap — 장인이 만든 비누
- the secondhand books — 중고 서적

이렇게도 말할 수 있어요.

이렇게 말해요

대화문 1

How much is this ***item*** for ***sale***?

이 물품 가격은 얼마인가요?

It's $10.

10달러입니다.

대화문 2

How much for this?

이것은 얼마인가요?

It's $10.

10달러입니다.

이렇게 들어요

대화문 3

Can you ***give*** me a ***discount***?

할인해 주실 수 있으신가요?

I'm ***sorry***, the price is ***fixed***.

죄송하지만, 가격은 정해져 있어요.

단어

item (n) 물품 | sale (n) 판매 | price (n) 가격 | give (v) 주다 | discount (n) 할인 | sorry (adj.) 죄송한 | fixed (adj.) 정해진

08. 교통 수단 이용

오늘의 패턴을 확인해보세요

이 패턴을 사용하면, 목적지까지 어떻게 가야 하는지를 효과적으로 물을 수 있습니다. "How do I get to [OOO]?"라는 패턴은 특정 장소에 대한 이동 방법을 물어보는 데 매우 효과적입니다. 이는 여행 중에 자주 발생하는 상황으로, 이 문장을 사용하면 원활하게 여행 계획을 진행하고 의사소통의 어려움을 줄일 수 있습니다.

How do I get to the subway **?**

지하철은 어떻게 가나요?

이런 어휘를 사용할 수 있어요.

the museum	박물관
the train station	기차역
the city center	시내 중심가
the beach	해변
the shopping mall	쇼핑몰
the park	공원
the restaurant	식당
the concert venue	콘서트 장소
the hotel	호텔
the tourist attraction	관광명소

이렇게도 말할 수 있어요.

대화문 1

How do I get to the ***subway***?

지하철은 어떻게 가나요?

Go ***straight*** and take the first ***left***.

직진해서 첫 번째 왼쪽 길로 가세요.

이렇게 말해요

대화문 2

How do I get to the ***nearest*** subway station?

가장 가까운 지하철 역에 어떻게 가나요?

Go straight ahead and take the first left.
It's just two ***blocks*** away.

곧장 앞으로 가시고, 첫 번째 좌회전을 하세요.
지하철 역은 두 블록 떨어져 있어요.

대화문 3

Is there a ***bus*** that goes to the ***city center***?

시내 중심가로 가는 버스가 있나요?

Yes, there is a bus that goes to the city center.
It ***stops*** right over there.

네. 시내 중심으로 가는 버스가 있어요.
바로 저기에서 정거장이에요.

이렇게 들어요

단어

subway (n) 지하철 | straight (adv.) 똑바로 | left (n) 왼쪽 | nearest (adj.) 가장 가까운 | block (n) 블록 | bus (n) 버스 | city center (n) 시내 중심가 | stop (n) 정거장

09. 현지 문화 및 풍습 이해

오늘의 패턴을 확인해보세요

이 패턴을 사용하면, 현지의 문화나 풍습에 대한 정보를 효과적으로 얻을 수 있습니다. "What is considered [OOO]?"라는 패턴은 현지에서 중요한 행동 규칙이나 풍습을 알아보는 데 유용합니다. 이로써 현지인과 원활하게 소통할 수 있으며, 문화적 차이로 인한 불편함을 줄일 수 있습니다. 따라서, 이 패턴은 다른 문화에 적응하고 존중하는 데 필수적인 표현입니다.

What is considered rude in this culture **?**

어떤 것이 이 문화에서는 무례한 것으로 간주되나요?

이런 어휘를 사용할 수 있어요.

good manners in this country
이 나라에서는 예의바름

the local etiquette
현지의 에티켓

a normal greeting
일반적인 인사

a common gesture
흔한 제스처

appropriate attire
적절한 복장

a respectful behavior
존경하는 행동

a traditional dish
전통 요리

an important festival
중요한 축제

a popular tradition
인기 있는 전통

a typical gift
전형적인 선물

이렇게도 말할 수 있어요.

이렇게 말해요

대화문 1

What is considered ***rude*** in this ***culture***?

이 문화에서는 어떤 행동이 무례한 것으로 간주되나요?

Interrupting is ***impolite***, and pointing with your finger is considered rude.

끼어들기는 예의 없고, 손가락으로 가리키는 것은 무례로 여겨집니다.

대화문 2

Can you recommend any local ***customs*** to respect?

지역적으로 존중해야 할 풍습이 있을까요?

Sure, it's polite to take off your ***shoes*** before entering homes and ***temples***.

네, 집이나 사원에 들어갈 때 신발을 벗는 것이 예의입니다.

대화문 3

Are there any ***cultural events*** happening nearby?

주변에서 열리는 문화 행사가 있나요?

Yes, there's a ***traditional music*** performance at the local theater tonight.

네, 오늘 밤에 현지 극장에서 전통 음악 공연이 있어요.

이렇게 들어요

거리

단어

rude (adj.) 무례한 | culture (n) 문화 | impolite (adj.) 예의 없는 | custom (n) 풍습 | shoes (n) 신발 | temple (n) 사원 | cultural event (n) 문화 행사 | traditional music (n) 전통 음악

10. 날씨 및 환경 대응

오늘의 패턴을 확인해보세요

이 패턴을 사용하면, 주변 환경에 대한 정보를 효과적으로 얻을 수 있습니다. **"Is it going to [OOO]?"** 패턴은 날씨, 자연 환경 등을 묻는데 적합합니다. 이렇게 환경 정보를 얻음으로써 여러분은 알맞은 계획을 세우고 안전하게 여행을 진행할 수 있습니다. 따라서, 이 패턴은 현지 환경에 대한 정보를 얻는데 매우 유용한 표현입니다.

Is it going to [storm later] ?

나중에 폭풍이 몰아칠 예정인가요?

이런 어휘를 사용할 수 있어요.

rain today
오늘 비가 올

snow tomorrow
내일 눈이 올

be sunny this afternoon
오늘 오후에 날씨가 맑을

be windy tonight
오늘 밤에 바람이 많이 불

be a heatwave this week
이번 주에 폭염이 올

cool down
더 시원해질

get hotter
더 더워질

get cloudy later
나중에 흐려질

get foggy in the morning
아침에 안개가 낄

get humid
습해질

이렇게도 말할 수 있어요.

대화문 1

이렇게 말해요

What is the ***weather*** like today?

오늘 날씨는 어떤가요?

It's raining ***heavily***,
so don't forget to bring your ***umbrella***.

비가 많이 오니 우산을 가져가세요.

대화문 2

What's the weather ***forecast*** for tomorrow?

내일 날씨 예보가 어떻게 되나요?

It's expected to be ***sunny*** with a chance of ***showers*** in the evening.

내일은 맑을 전망이며, 저녁에 소나기가 올 것으로 예상됩니다.

대화문 3

Is there any place nearby to ***escape*** the rain?

비를 피할 수 있는 근처 장소가 있을까요?

이렇게 들어요

Yes, there's a ***cafe*** just around the corner.

네, 바로 근처에 카페가 있어요.

단어

weather (n) 날씨 | heavily (adv.) 심하게 | umbrella (n) 우산 | forecast (n) 예보 | sunny (adj.) 맑은 | shower (n) 소나기 | escape (v) 피하다 | cafe (n) 카페

CHECK 패턴 정리하기

[01~10] 앞서 배운 패턴을 이용하여, 빈 칸을 채워 문장을 완성해보세요.

01. 가장 가까운 병원까지 가는 길을 알려주세요.

________________ **the directions to the nearest hospital.**

02. 이상한 활동을 발견했습니다.

________________ **some unusual activity.**

03. 아침에 어떤 행사가 열리나요?

________________ **in the morning?**

04. 현지 화폐를 이해하는 데 도와주실 수 있나요?

________________ **understanding the local currency?**

05. 여기 인기 있는 음식은 무엇인가요?

________________ **dish here?**

정답

01. Please tell me
02. I've noticed
03. What events are taking place
04. Can you help me with
05. What's a popular

06. 저녁 투어를 예약하고 싶어요.

______________________ **an evening tour.**

07. 이 물품 가격은 얼마인가요?

______________________ **this item for sale?**

08. 지하철은 어떻게 가나요?

______________________ **the subway?**

09. 어떤 것이 이 문화에서는 무례한 것으로 간주되나요?

______________________ **rude in this culture?**

10. 나중에 폭풍이 몰아칠 예정인가요?

______________________ **storm later?**

거리

정답

06. I would like to book
07. How much is
08. How do I get to
09. What is considered
10. Is it going to

PART 09

병원/건강

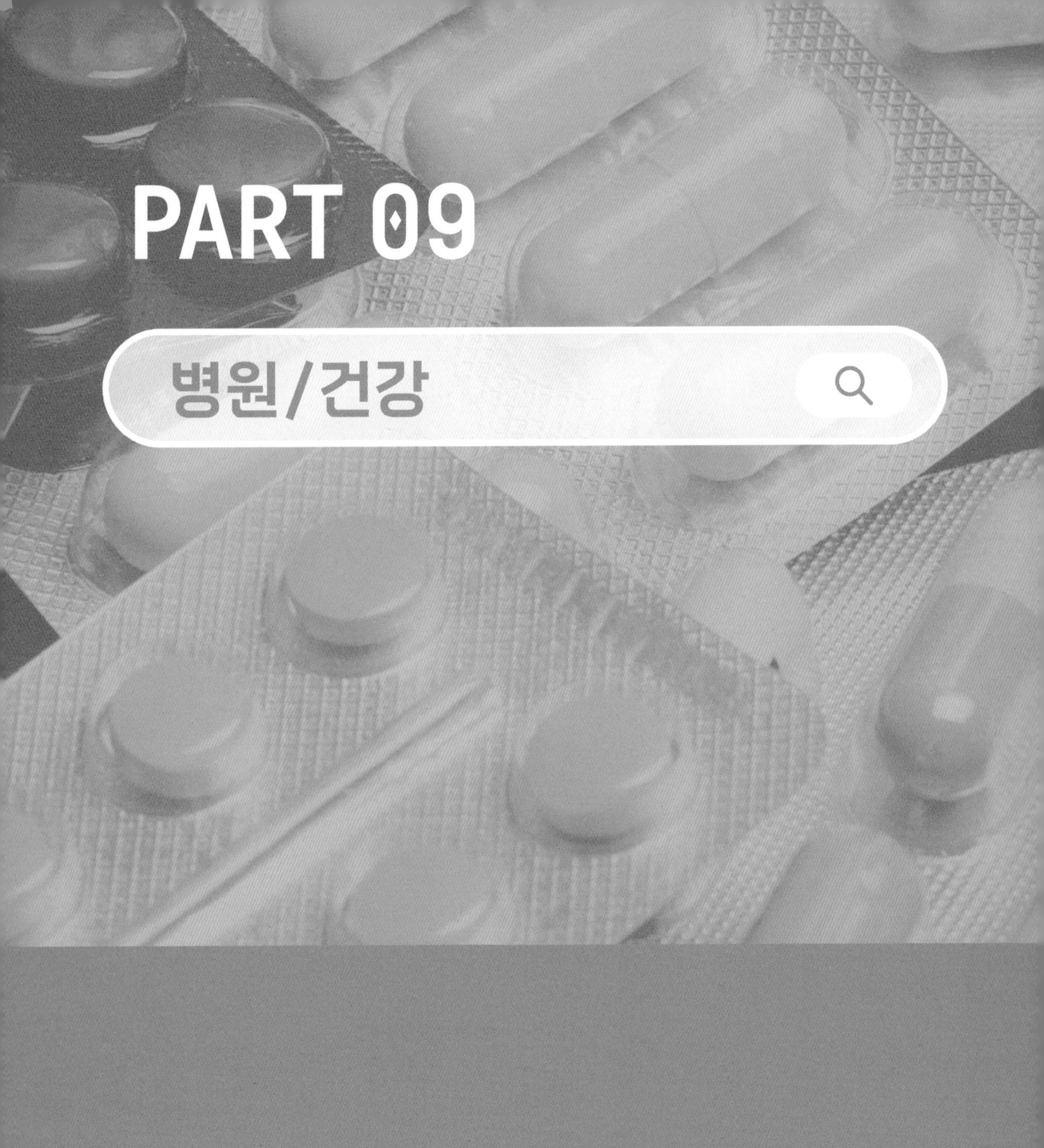

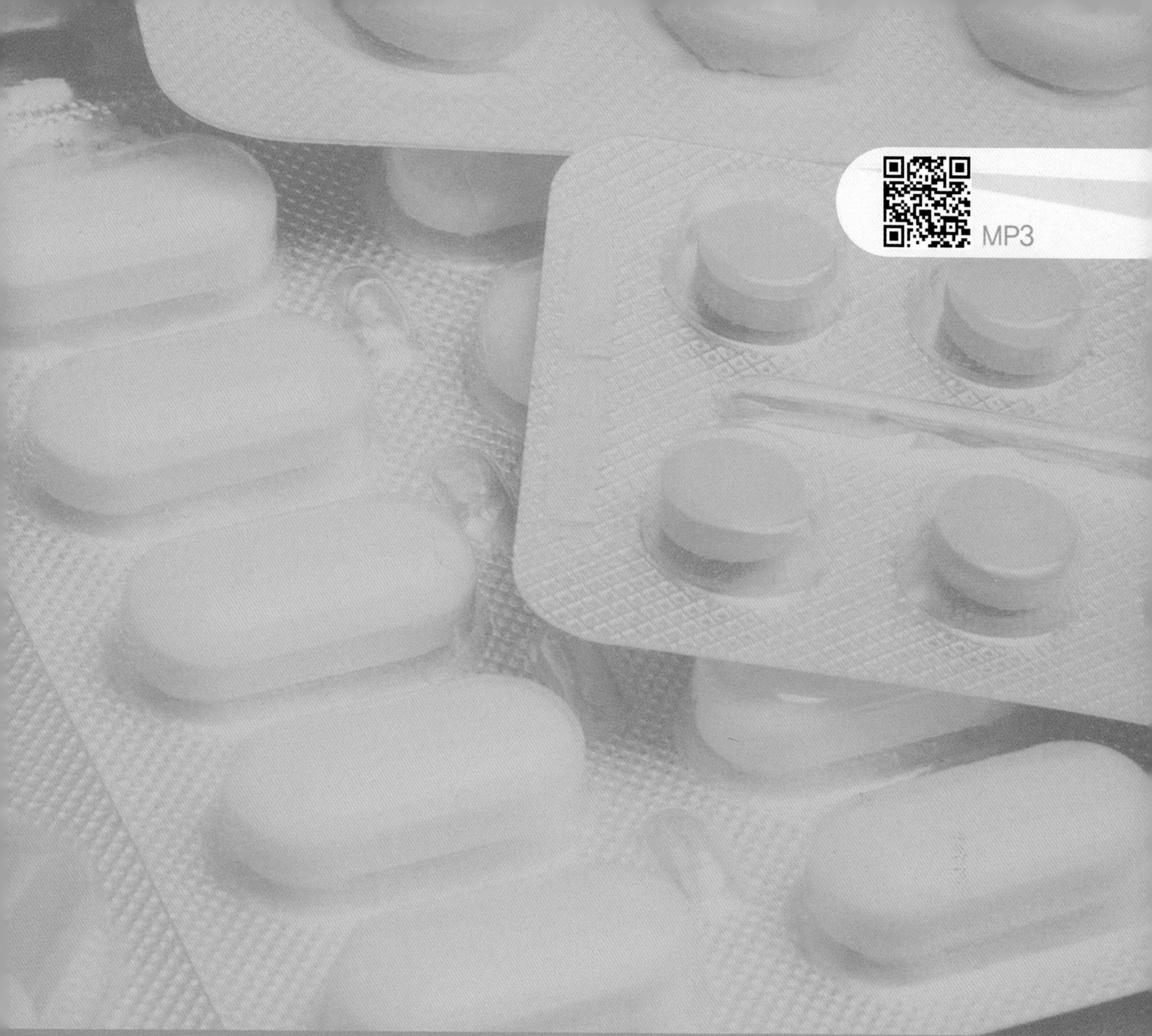
MP3

병원/건강

01. 예약 및 방문

오늘의 패턴을 확인해보세요

이 패턴을 사용하면, 병원이나 건강과 관련된 상황에서 예약 상태나 의도를 명확히 전달할 수 있습니다. "[OOO] be supposed to [OOO]" 패턴은 특정 진료나 서비스에 대한 예약이 되어 있는 상황을 나타내는 데 유용합니다. 병원 내 다양한 시설이나 서비스 이용에 대한 예약 상황도 이 표현으로 나타낼 수 있습니다. 따라서, 이 패턴은 병원 내에서의 예약 및 방문과 관련된 다양한 상황에서 효과적으로 활용될 수 있습니다.

I'm supposed to take a tour of the hospital facilities.

저는 병원 시설을 둘러보기로 되어 있습니다.

이런 어휘를 사용할 수 있어요.

I'm / have a consultation with the doctor
저는 의사 선생님과 상담하기로

I'm / have an appointment at 11
저는 11시에 진료를 보기로

I'm / visit on Friday
저는 금요일에 방문하기로

I'm / meet in the hospital lobby
저는 병원 로비에서 만나기로

I'm / dine with the patient
저는 환자와 함께 식사하기로

I'm / visit the inpatient
저는 입원 환자를 면회하기로

I'm / meet outside the hospital
저는 병원 앞에서 만나기로

I'm / visit the hospital convenience store
저는 병원 편의점에 가기로

The hospital parking is / be reserved
병원주차장이 예약

A taxi is / arrive at the hospital
택시가 병원에 오기로

이렇게도 말할 수 있어요.

이렇게 말해요

대화문 1

I'm supposed to take a ***tour*** of the ***hospital facilities***.

병원 시설을 둘러보기로 되어 있습니다.

I'm sorry, no ***entry*** is allowed here.

죄송하지만, 여기는 출입 금지구역입니다.

대화문 2

I need to make a doctor's ***appointment***.

의사와 약속을 해야 해요.

Sure, our ***clinic*** is open tomorrow.
What time would you ***prefer***?

물론이죠. 우리 병원은 내일 운영합니다.
어떤 시간이 편하신가요?

이렇게 들어요

대화문 3

Where is the ***nearest*** hospital or clinic?

가장 가까운 병원이나 의원은 어디에 있나요?

There's a hospital about 2 ***blocks*** away from here.

여기에서 두 블록 거리에 병원이 있어요.

단어

tour (n) 둘러보기 | hospital facility (n) 병원 시설 | entry (n) 출입 | appointment (n) 약속 | clinic (n) 의원 | prefer (v) 선호하다 | nearest (adj.) 가장 가까운 | block (n) 블록

병원/건강

02. 병원 내 지시 사항 이해

오늘의 패턴을 확인해보세요

이 패턴을 사용하면, 병원에서 받은 지시나 권고 사항을 이해하고 그대로 따라가야 하는지 확인할 수 있습니다. "Should I follow [OOO]?" 패턴은 의사나 간호사로부터의 지시 사항에 대한 이해와 질문에 이용됩니다. 이 패턴을 사용하면 본인의 이해도를 명확히 확인하고, 필요한 처리를 받을 수 있습니다. 따라서, 이 패턴은 건강과 관련된 정보를 정확하게 이해하고 처리하려는 상황에서 매우 중요합니다.

Should I follow these instructions **?**

이 지침을 따라야 하나요?

이런 어휘를 사용할 수 있어요.

the visiting hours
방문 시간

the diet restrictions
식사 제한

the hygiene practices
위생 관행

the smoking regulations
흡연 규정

the noise policy
소음 정책

the procedures
절차

the guidelines
지침

the rules
규칙

the tips
팁

the exercise routine
운동 루틴

이렇게도 말할 수 있어요.

이렇게 말해요

대화문 1

Should I ***follow*** these ***instructions***?

이 지침을 따라야 하나요?

Yes, please follow them carefully for your ***well-being***.

네, 건강을 위해 주의해서 따라주세요.

대화문 2

Can you please ***explain*** the ***hospital*** instructions in ***simple*** English?

병원 안내사항을 간단한 영어로 설명해 주시겠어요?

Of course, I'll provide clear instructions for you.

물론이죠, 명확한 지시 사항을 드리겠습니다.

대화문 3

I don't understand the ***medical directions***. Could you help me?

의료 지시 사항을 이해하지 못하겠어요. 도와주시겠어요?

Of course, I'll explain them to you in simpler terms.

물론이죠, 더 쉬운 용어로 설명해 드릴게요.

이렇게 들어요

단어

follow (v) 따르다 | instruction (n) 지침 | well-being (n) 건강 | explain (v) 설명하다 | hospital (n) 병원 | simple (adj.) 간단한 | medical (adj.) 의료의 | direction (n) 지시 사항

병원/건강

03. 병원 진료 대화 (증상, 처방 등)

오늘의 패턴을 확인해보세요

이 패턴을 사용하면, 약 처방에 필요한 정보를 명확히 요청할 수 있습니다. **"I need a prescription for [OOO]."** 패턴은 특정 알레르기 약이나 기타 필요한 약에 대한 처방전을 요청할 때 사용됩니다. 이 패턴을 통해 자신의 건강 상태를 적절히 관리하려는 의도를 명확히 나타낼 수 있습니다. 따라서, 이 패턴은 병원에서 자신의 의료 상황을 효과적으로 전달하고, 필요한 처치를 받기 위해 중요합니다.

I need a prescription for [my insomnia].

불면증 처방이 필요해요.

이런 어휘를 사용할 수 있어요.

- my allergy medication — 알레르기 약
- my painkillers — 진통제
- my antibiotics — 항생제
- my food poisoning medication — 식중독 약
- my headache pill — 두통약
- my cold medication — 감기약
- my antidiarrheal medicine — 설사약
- my anti-virus medication — 항바이러스제
- my fever reducer — 해열제
- my digestive medicine — 소화제

이렇게도 말할 수 있어요.

이렇게 말해요

대화문 1

I need a ***prescription*** for my ***headache pill***.

두통에 대한 약 처방이 필요합니다.

Sure, I'll write one for you right away.

네, 지금 바로 처방해 드리겠습니다.

대화문 2

Excuse me, can you help me ***understand*** the hospital ***instructions***?

실례합니다. 병원 안내사항을 이해하는 데 도움을 받을 수 있을까요?

Certainly, I'll explain them to you ***step by step***.

물론이죠. 하나씩 차근차근 설명해 드리겠습니다.

대화문 3

I need ***assistance*** understanding the hospital instructions.

병원 안내사항을 이해하는 데 도움이 필요합니다.

Sure, I'll ***go over*** the instructions with you.

물론이죠. 지시 사항을 함께 확인해 드릴게요.

이렇게 들어요

단어

prescription (n) 처방전 | headache (n) 두통 | pill (n) 약 | understand (v) 이해하다 | instruction (n) 안내사항 | step by step (adv.) 하나씩 차근차근 | assistance (n) 도움 | go over (v) 확인하다

병원/건강

04. 약국에서 약 구매

오늘의 패턴을 확인해보세요

이 패턴을 사용하면, 특정 상품이나 서비스를 구매할 수 있는지 확인하는 데 도움이 됩니다. "Can I purchase [OOO]?" 패턴은 약국에서 원하는 약을 구매할 수 있는지 묻는 데 사용되며, 이는 병원에서 처방받은 약을 찾는 경우나, 기타 특정 약물이나 상품을 찾는 경우에 유용합니다. 따라서, 이 패턴은 자신의 의료 상황을 효과적으로 관리하고, 약국에서 필요한 약을 구매하는 데 중요합니다.

Can I purchase this medication at a pharmacy **?**

약국에서 이 약을 구입할 수 있나요?

이런 어휘를 사용할 수 있어요.

painkillers
진통제

antibiotics
항생제

allergy medication
알레르기 약

cough syrup
기침 시럽

vitamins
비타민

fever reducer
해열제

a band-aid
반창고

antacids
속쓰림 약

eye drops
안약

digestive medicine
소화제

이렇게도 말할 수 있어요.

이렇게 말해요

대화문 1

Can I ***purchase*** this ***medication*** at a ***pharmacy***?

약국에서 이 약을 구입할 수 있나요?

Yes, it's ***available over the counter***.

네, 처방 없이 판매됩니다.

대화문 2

Where is the ***nearest*** pharmacy?

가장 가까운 약국은 어디에 있나요?

Just go straight and take the first ***right***. It's on the corner.

곧장 앞으로 가시고, 첫 번째 우회전을 하시면 코너에 있습니다.

대화문 3

I need to buy some ***medicine*** at the pharmacy.

약국에서 약을 구매해야 해요.

Sure, I'll go with you to the pharmacy.

물론이죠, 약국에 함께 가겠습니다.

이렇게 들어요

단어

purchase (v) 구입하다 | medication (n) 약 | pharmacy (n) 약국 | available (adj.) 이용 가능한 | over the counter (adj.) 처방 없이 판매되는 | nearest (adj.) 가장 가까운 | right (n) 우회전 | medicine (n) 약

병원/건강

05. 응급 상황 대응

오늘의 패턴을 확인해보세요

이 패턴을 사용하면, 긴급한 상황이나 요청 사항을 전달할 수 있는 효과적인 방법을 배울 수 있습니다. **"We need [ooo]."** 패턴은 여행 중에 예기치 못한 상황에 대응하거나, 필요한 것을 명확하게 요청하려는 경우에 유용합니다. 이 패턴은 복잡한 상황이나 요청을 효과적으로 소통할 수 있는 강력한 문장이 될 수 있습니다. 따라서, 이 패턴은 여행자가 빠르고 정확하게 의사소통 하려는 경우에 반드시 알아 두어야 합니다.

We need immediate assistance **.**

즉시 도움이 필요합니다.

이런 어휘를 사용할 수 있어요.

- **an ambulance** 응급차
- **medical assistance** 의료 지원
- **urgent care** 긴급 치료
- **first aid** 응급 처치
- **a doctor** 의사
- **immediate attention** 즉각적인 치료
- **emergency medication** 응급 약물
- **CPR (Cardiopulmonary Resuscitation)** 심폐소생술
- **a stretcher** 구급용 들것
- **a wheelchair** 휠체어

이렇게도 말할 수 있어요.

이렇게 말해요

대화문 1

We need ***immediate assistance***.

즉시 도움이 필요합니다.

Stay calm and wait for the ***paramedics***.

차분하게 기다려 주세요. 응급 구조 요원이 곧 도착할 거예요.

대화문 2

Call for an ***ambulance***, please!

구급차를 불러주세요!

I've already called for ***help***. It's on the way.

이미 도움을 요청했습니다. 오는 중이에요.

이렇게 들어요

대화문 3

Is there a ***hospital nearby***?

주변에 병원이 있나요?

Yes, there's a hospital just a few ***blocks*** away.

네, 조금 떨어진 곳에 병원이 있어요.

단어

immediate (adj.) 즉시의 | assistance (n) 도움 | paramedic (n) 응급 구조 요원 | ambulance (n) 구급차 | help (n) 도움 | hospital (n) 병원 | nearby (adj.) 가까운 | block (n) 블록

병원/건강

06. 건강 상태 설명 및 의료 상담

오늘의 패턴을 확인해보세요

이 패턴을 사용하면, 개인의 건강 상태에 대한 이해를 돕고, 의료 전문가와의 상담을 더 효과적으로 만들 수 있습니다. **"I have questions about [OOO]."** 패턴은 본인의 건강이나 건강 관련 문제에 대한 의문을 제기하는데 유용하게 사용됩니다. 이 패턴을 사용하면, 자신의 건강 상황에 대해 더 잘 이해하고, 의료 전문가에게 필요한 정보를 정확하게 요청할 수 있습니다.

I have questions about [the rehabilitation program].

재활 프로그램에 대해 궁금한 점이 있어요.

이런 어휘를 사용할 수 있어요.

- **my blood test results** 제 혈액 검사 결과
- **the side effects of this medication** 이 약의 부작용
- **the potential risks involved** 관련된 잠재적 위험
- **my recovery process** 제 회복 과정
- **the dietary restrictions** 식사 제한
- **the surgery procedure** 수술 절차
- **the preventive measures** 예방 조치
- **the vaccination schedule** 예방접종 일정
- **the insurance coverage** 보험 보상 내용
- **the physical therapy I need to do** 제가 해야 하는 물리 치료

이렇게도 말할 수 있어요.

대화문 1

I have questions about my ***blood test results***.

제 혈액 검사 결과에 대해 질문이 있습니다.

Sure, I'll explain them to you and address any ***concerns*** you may have.

네. 설명해 드리고 걱정하시는 부분에 대해 답변해 드리겠습니다.

이렇게 말해요

대화문 2

I feel ***sick***. Can you ***recommend*** a doctor?

제가 몸이 안 좋아요. 의사 추천해 주시겠어요?

Certainly, there's a good clinic nearby. I'll give you the ***address***.

물론이죠. 근처에 좋은 병원이 있습니다.
주소를 알려드리겠습니다.

이렇게 들어요

대화문 3

I need to see a doctor. Where is the ***nearest*** clinic?

병원에 가야 해요. 가장 가까운 병원은 어디에요?

There's a ***clinic*** just around the corner.

길 옆에 병원이 있어요.

단어

blood test (n) 혈액 검사 | result (n) 결과 | concern (n) 걱정, 우려 | sick (adj.) 아픈 | recommend (v) 추천하다 | address (n) 주소 | nearest (adj.) 가장 가까운 | clinic (n) 병원

병원/건강

07. 보험 및 결제 정보 이해

오늘의 패턴을 확인해보세요

이 패턴을 사용하면, 병원에서 직접 내야 할 비용에 대해 빠르게 확인할 수 있습니다. **"How much do I need to pay for [OOO]?"** 패턴은 병원 비용을 관리하는 데 필요한 중요한 정보를 얻는 데 도움이 됩니다. 이는 더 효율적으로 자신의 의료비를 관리하고, 예상치 못한 비용에 대비할 수 있도록 돕습니다. 따라서, 이 패턴은 건강을 유지하면서 비용 부담을 줄일 수 있도록 돕는 중요한 문장이 될 것입니다.

How much do I need to pay for the stitches ?

봉합 비용은 얼마인가요?

이런 어휘를 사용할 수 있어요.

the consultation 상담	the surgery 수술
the medication 약	the physical therapy 물리치료
the ambulance 구급차	the emergency care 응급 치료
the blood test 혈액 검사	the vaccine 백신
the eye exam 시력 검사	the allergy test 알레르기 검사

이렇게도 말할 수 있어요.

이렇게 말해요

대화문 1

Can I ***claim*** the ***hospital expenses*** with ***insurance***?

보험으로 병원비를 청구할 수 있나요?

Yes, you can submit the necessary documents to your insurance provider for reimbursement.

네, 보험사에 필요한 서류를 제출하면 환급받을 수 있습니다.

대화문 2

Do you accept ***travel insurance***?
How much is the ***consultation fee***?

여행 보험을 받나요? 진료비는 얼마인가요?

Yes, we do accept travel insurance.
The consultation fee is $50.

네, 여행 보험을 받아요. 진료비는 50달러입니다.

대화문 3

Can you ***explain*** the insurance ***coverage*** and ***payment process***?

보험 보상 내용과 결제 방법을 설명해 주시겠어요?

Sure, I'll walk you through it.

물론이죠, 그 과정을 안내해 드리겠습니다.

이렇게 들어요

단어

claim ⓥ 청구하다 | hospital expense ⓝ 병원비 | insurance ⓝ 보험 | travel insurance ⓝ 여행 보험 | consultation fee ⓝ 진료비 | explain ⓥ 설명하다 | coverage ⓝ 보상 내용 | payment process ⓝ 결제 방법

병원/건강

08. 보건 및 안전 정보 이해

오늘의 패턴을 확인해보세요

이 패턴을 사용하면, 정보 수집을 위한 질문을 할 수 있는 다양한 상황에서 쓰일 수 있습니다. "Where can I get [OOO]?" 패턴에서 [OOO] 위치에 들어갈 내용에 따라 건강 상황, 질병의 종류, 필요한 약 등 다양한 주제에 대해 물어볼 수 있습니다. 따라서, 이 패턴은 여행 중인 지역의 보건 및 안전 정보에 대해 자세히 알아보는데 필요한 문장을 제공합니다.

Where can I get a COVID-19 test **?**

COVID-19 검사를 어디에서 받을 수 있나요?

이런 어휘를 사용할 수 있어요.

- sunburn lotion
  자외선 차단 로션
- a band-aid
  반창고
- an eye drop
  안약
- an antiseptic
  소독제
- diarrhea medicine
  설사약
- a motion sickness pill
  멀미약
- an allergy medicine
  알레르기 약
- a flu shot
  독감 예방주사
- a health check-up
  건강 검진
- a COVID-19 vaccine
  COVID-19 백신

이렇게도 말할 수 있어요.

이렇게 말해요

대화문 1

I'm curious about the local ***health advisories***.

현지의 보건 권고사항에 대해 궁금합니다.

You can find the latest health advisories at the ***local health department***'s website.

최신 보건 안내는 현지 보건소의 웹사이트에서 확인하실 수 있습니다.

대화문 2

Is there any health advisory or ***safety information*** I should be aware of?

제가 알아야 할 건강 안내 사항이나 안전 정보가 있을까요?

Yes, please be cautious of the ***extreme heat*** and stay ***hydrated***.

네, 극심한 더위에 대해 주의하시고 수분을 충분히 섭취하세요.

대화문 3

Where can I find local ***health services*** in case of an emergency?

응급 상황 시 현지 보건 서비스를 어디서 받을 수 있을까요?

이렇게 들어요

You can go to the nearest hospital or call the ***emergency helpline***.

가장 가까운 병원에 가시거나, 긴급 전화를 걸어주세요.

단어

health advisory (n) 보건 권고사항 | local health department (n) 현지 보건소 | safety information (n) 안전 정보 | extreme heat (n) 극심한 더위 | hydrated (adj.) 수분을 충분히 섭취한 | health service (n) 보건 서비스 | emergency helpline (n) 긴급 전화

병원/건강

09. 개인 의료 기록 요청

오늘의 패턴을 확인해보세요

이 패턴을 사용하면, 개인적인 문서나 정보에 대한 요청을 표현할 수 있습니다. **"Can I request a copy of [OOO]?"** 패턴을 사용하면 여러 다양한 상황에서 원하는 것을 요청할 수 있습니다. [OOO] 자리에는 'my medical records'와 같이 특정한 대상을 넣어 사용하면 됩니다. 따라서, 이 패턴은 병원에서 본인의 의료 기록이나 다른 중요한 문서를 요청하는 상황에서 유용하게 사용할 수 있습니다.

Can I request a copy of my lab reports **?**

검사 보고서의 사본을 요청할 수 있을까요?

이런 어휘를 사용할 수 있어요.

- my medical records
  의료 기록
- my test results
  검사 결과
- my prescription
  처방전
- my X-ray images
  X레이 영상
- my vaccination records
  예방접종 기록
- my medical images
  의료 영상
- my discharge summary
  퇴원 확인서
- my medical test records
  의료 검사 기록
- my allergy documentation
  알레르기 관련 문서
- my medical history
  의료 이력

이렇게도 말할 수 있어요.

대화문 1

이렇게 말해요

Can I ***request*** a ***copy*** of my ***medical records***?

제 의료 기록의 사본을 요청할 수 있나요?

Yes, you can fill out a medical records request ***form*** at the hospital's ***front desk***.

네, 병원 정문의 접수처에서 의료 기록 요청 양식을 작성하실 수 있습니다.

대화문 2

Can I request a copy of my medical records?

의료 기록 사본을 요청할 수 있을까요?

Yes, you can fill out a form to request your medical records.

네, 의료 기록 요청 양식을 작성하시면 됩니다.

대화문 3

How can I get a copy of my ***personal medical information***?

개인 의료 정보의 사본을 어떻게 얻을 수 있나요?

이렇게 들어요

You can request it from the hospital's medical records ***department***.

병원의 의료 기록 부서에 요청하시면 됩니다.

단어

request ⓥ 요청하다 | copy ⓝ 사본 | medical record ⓝ 의료 기록 | form ⓝ 양식 | front desk ⓝ 접수처 | personal medical information ⓝ 개인 의료 정보 | department ⓝ 부서

병원/건강

10. 특수 요청 (알레르기, 식사 요청 등)

오늘의 패턴을 확인해보세요

이 패턴을 사용하면, 자신이 섭취 불가능한 특정 음식을 명확하게 표현할 수 있습니다. **"I can't eat/drink [OOO]."** 패턴은 특히 알레르기가 있거나 특정 식품을 피해야 할 때 매우 유용합니다. 이는 자신의 식사 제한사항을 명확히 전달함으로써, 더 안전하게 음식을 선택하도록 돕습니다. 따라서, 이 패턴은 건강을 유지하면서 자신에게 안전한 음식을 선택할 수 있도록 돕는 중요한 문장이 될 것입니다.

I can't eat sugar **.**

저는 설탕을 먹지 못합니다.

이런 어휘를 사용할 수 있어요.

eat dairy 유제품을 먹지	eat shellfish 조개류를 먹지
eat soy 콩 제품을 먹지	eat spicy food 매운 음식을 먹지
eat eggs 달걀을 먹지	eat nuts 견과류를 먹지
eat seafood 해산물을 먹지	eat red meat 붉은 고기를 먹지
drink caffeine 카페인을 마시지	eat fish 생선을 먹지

이렇게도 말할 수 있어요.

대화문 1

이렇게 말해요

I have allergies,
so I would like to request a ***special meal***.

알레르기가 있어서 특별 식사를 요청하고 싶습니다.

Sure, we will accommodate your ***dietary needs***.

물론입니다. 식사 요구사항에 맞춰드리겠습니다.

대화문 2

Any allergies or ***dietary requests*** for health?

건강을 위해 알레르기나 식사 요청사항이 있나요?

Yes, I prefer a ***vegetarian*** meal.

네, 저는 채식 식사를 원합니다.

대화문 3

Please share any health-related allergies
or dietary ***preferences***.

건강과 관련된 알레르기나 식사 요청이 있으면 말씀해주세요.

이렇게 들어요

I have a ***nut allergy***.

저는 견과류 알레르기가 있어요.

단어

special meal (n) 특별 식사 | dietary need (n) 식사 요구사항 | dietary request (n) 식사 요청사항 | vegetarian (adj.) 채식주의의 | preference (n) 선호 | nut allergy (n) 견과류 알레르기

[01~10] 앞서 배운 패턴을 이용하여, 빈 칸을 채워 문장을 완성해보세요.

01. 병원 시설을 둘러보기로 되어 있습니다.

I ______________ take a tour of the hospital facilities.

02. 이 지침을 따라야 하나요?

______________ these instructions?

03. 불면증 처방이 필요해요.

______________ my insomnia.

04. 약국에서 이 약을 구입할 수 있나요?

______________ this medication at a pharmacy?

05. 즉시 도움이 필요합니다.

______________ immediate assistance.

정답

01. am supposed to
02. Should I follow
03. I need a prescription for
04. Can I purchase
05. We need

06. 재활 프로그램에 대해 궁금한 점이 있어요.

______________ **the rehabilitation program.**

07. 봉합 비용은 얼마인가요?

______________ **for the stitches?**

08. COVID-19 검사를 어디에서 받을 수 있나요?

______________ **a COVID-19 test?**

09. 검사 보고서의 사본을 요청할 수 있을까요?

______________ **my lab reports?**

10. 저는 설탕을 먹지 못합니다.

______________ **sugar.**

병원/건강

정답

06. I have questions about
07. How much do I need to pay
08. Where can I get
09. Can I request a copy of
10. I can't eat

PART 10

긴급 상황

MP3

긴급 상황

01. 응급 상황 신고

오늘의 패턴을 확인해보세요

이 패턴을 사용하면, 중요한 상황을 신속하게 전달할 수 있습니다. **"It's [OOO]!"** 패턴은 [OOO] 부분에 특정한 상황을 빠르게 설명할 수 있게 해주는 유용한 문장입니다. 이 패턴을 사용하면, 어떠한 사태가 발생했는지 주변 사람들에게 즉시 알릴 수 있습니다. 따라서, 이 패턴은 긴급 상황에서 신속하고 명확하게 정보를 전달할 수 있는 방법을 제공합니다.

Help! It's [an urgent situation]!

도와주세요! 긴급한 상황입니다!

이런 어휘를 사용할 수 있어요.

- an emergency 응급 상황
- a fire 불
- an accident 사고
- a robbery 강도
- a medical emergency 의료 응급 상황
- a natural disaster 자연 재해
- a gas leak 가스 누출
- a power outage 정전
- a flood 홍수
- a terrorist threat 테러 위협

이렇게도 말할 수 있어요.

이렇게 말해요

대화문 1

Help! It's an ***urgent situation***!

도와주세요! 긴급한 상황입니다!

I'll call for ***emergency assistance*** right away.

곧 긴급 구호를 요청하겠습니다.

대화문 2

Help! I need to ***report*** an emergency.

도와주세요! 응급 상황을 신고해야 해요.

Stay calm, I'll call for help right away.

진정하세요. 즉시 도움을 요청하겠습니다.

대화문 3

Excuse me, there's an urgent situation.
How can I report it?

실례합니다. 긴급한 상황이 발생했어요. 어떻게 신고해야 하나요?

You can call the ***emergency number*** 911 for ***immediate*** assistance.

즉각적인 도움을 받으려면 비상 전화번호 911로 신고하세요.

이렇게 들어요

단어

urgent (adj.) 긴급한 | situation (n) 상황 | emergency assistance (n) 긴급 구호 | report (v) 신고하다 | emergency number (n) 비상 전화번호 | immediate (adj.) 즉각적인

긴급 상황

02. 상처 및 부상

오늘의 패턴을 확인해보세요

이 패턴을 사용하면, 여행 중에 긴급 상황에 처했을 때 빠르게 근처에 필요한 시설이나 장소가 있는지 알아볼 수 있습니다. 특히, **"Is there [OOO] nearby?"**라는 패턴은 의료 서비스가 필요한 경우에 특히 중요하게 작용합니다. 국제 여행 중에는 익숙하지 않은 환경에서 긴급 상황이 발생할 수 있으므로, 이런 질문 패턴을 사용해서 빠르게 도움을 요청할 수 있어야 합니다. 따라서, 이러한 패턴을 통해 긴급 상황에 효과적으로 대응할 수 있는 언어 능력을 기를 수 있습니다.

Is there [a hospital or clinic] **nearby?**

근처에 병원이나 의원이 있나요?

이런 어휘를 사용할 수 있어요.

a pharmacy 약국	a hospital 병원
a clinic 의원	a first-aid station 응급 치료소
an emergency room 응급실	a physical therapy center 물리치료 센터
a dentist 치과	an internal medicine clinic 내과
an eye clinic 안과	a pediatrician 소아과

이렇게도 말할 수 있어요.

대화문 1

이렇게 말해요

Is there a ***hospital*** or ***clinic nearby***?

근처에 병원이나 의원이 있나요?

Yes, there's a hospital just a few blocks away.

네, 몇 블록 거리에 병원이 있습니다.

대화문 2

Is there a ***medical emergency***?

의료 긴급 상황이 발생했나요?

Yes, someone is ***injured***. We need ***immediate help***.

네, 누군가 다친 상태입니다. 즉시 도움이 필요합니다.

이렇게 들어요

대화문 3

I need help, I'm injured.

도와주세요. 부상당했어요.

Stay calm, I'll call for ***medical assistance*** right away.

차분하게 계세요. 즉시 의료 지원을 요청하겠습니다.

단어

hospital (n) 병원 | clinic (n) 의원 | nearby (adv.) 근처에 | medical emergency (n) 의료 응급 상황 | injured (adj.) 다친 | immediate (adj.) 즉각적인 | help (n) 도움 | medical assistance (n) 의료 지원

긴급 상황

03. 도난 및 분실

오늘의 패턴을 확인해보세요

이 패턴을 사용하면, 도난이나 분실 상황을 간결하게 설명할 수 있습니다. **"My [OOO] have/has been [OOO]!"** 패턴을 이용하면 소지품 도난 등의 긴급 상황을 빠르게 전달할 수 있습니다. 이 패턴은 여행 중 의도치 않은 상황을 직면했을 때 즉시 반응하는 능력을 향상시킵니다. 따라서, 이 패턴은 여행자들이 학습하면 큰 도움이 됩니다.

My [belongings] have been [stolen] !

제 물건을 도둑 맞았어요!

이런 어휘를 사용할 수 있어요.

wallet *has been* **stolen**
지갑을 도둑 맞았어요

credit card *has been* **stolen**
신용카드를 도둑 맞았어요

jewelry *has been* **stolen**
보석을 도둑 맞았어요

bag *has gone* **missing**
가방이 사라졌어요

laptop *has gone* **missing**
노트북이 사라졌어요

passport *has been* **lost**
여권을 잃어버렸어요

important papers *have been* **lost**
중요한 서류들을 잃어버렸어요

phone *has been* **misplaced**
휴대폰을 잃어버렸어요

keys *have been* **misplaced**
열쇠를 잃어버렸어요

wallet *has been* **misplaced**
지갑을 잃어버렸어요

이렇게도 말할 수 있어요.

대화문 1

이렇게 말해요

My ***belongings*** have been ***stolen***!

제 물건을 도둑 맞았어요!

I'm so sorry to hear that. Let's report it to the ***authorities*** immediately.

정말 안타깝습니다. 즉시 해당 관청에 신고해봅시다.

대화문 2

I ***lost*** my belongings. Can you help me find them?

물건을 잃어버렸어요. 찾는 걸 도와주실 수 있나요?

Sure, let's check ***the lost and found*** section.

물론이죠, 분실물 센터를 확인해 봅시다.

이렇게 들어요

대화문 3

My ***wallet*** is ***missing***. What should I do?

지갑이 없어졌어요. 어떻게 해야 하나요?

Report it to the nearest ***police station*** and inform the authorities.

가장 가까운 경찰서에 신고하고 해당 관청에 알려주세요.

단어

belongings (n) 물건 | stolen (adj.) 도난당한 | authorities (n) 해당 관청 | lost (v) 잃어버렸다 | the lost and found (n) 분실물 보관소 | wallet (n) 지갑 | miss (v) 사라지다 | police station (n) 경찰서

긴급 상황

04. 실종된 사람

오늘의 패턴을 확인해보세요

이 패턴을 사용하면, 상대방에게 특정 인물이 실종되었다는 정보를 즉시 전달할 수 있습니다. **"[OOO] is missing."**이라는 패턴은 여행 중 중요한 사람을 찾을 수 없을 때 빠르게 도움을 청할 수 있는 효과적인 문장입니다. 이 문장은 상황을 직관적이고 명확하게 설명하므로, 상대방이 즉시 이해하고 반응할 수 있습니다. 따라서, 이 패턴은 여행 중 긴급한 상황에 빠르게 대응할 수 있도록 하는데 필수적입니다.

The hiker is missing.

등산객이 실종됐어요.

이런 어휘를 사용할 수 있어요.

My friend
내 친구

Our tour guide
우리 가이드

The child
아이

The elderly man
노인

A passenger
승객 한 명

A student
학생 한 명

The tourist
관광객

The person
사람

The family member
가족 한 명

The employee
직원

이렇게도 말할 수 있어요.

이렇게 말해요

대화문 1

My friend is ***missing***. I need help.

제 친구가 실종됐어요. 도와주세요.

I'll assist you in ***reporting*** this to the ***authorities*** right away.

당장 해당 관청에 신고하는 데 도움 드리겠습니다.

대화문 2

I can't ***find*** my friends. Help me find them, please.

친구들을 찾을 수 없어요. 도와주세요.

Of course, let's ***search*** together.
Where was the last place you saw them?

물론이죠, 함께 찾아봅시다. 마지막으로 어디서 보셨나요?

대화문 3

My ***travel companion*** is missing. What should I do?

여행 동행자가 실종됐어요. 어떻게 해야 하나요?

Report it to the local authorities and provide them with all the necessary ***information***.

현지 해당 관청에 신고하고 필요한 모든 정보를 제공하세요.

이렇게 들어요

단어

miss ⓥ 사라지다 | report ⓥ 신고하다 | authorities ⓝ 해당 관청 | find ⓥ 찾다 | search ⓥ 찾다 | travel companion ⓝ 여행 동행자 | information ⓝ 정보

05. 화재

오늘의 패턴을 확인해보세요

이 패턴을 사용하면, 어떤 상황에서 어떤 행동을 취해야 하는지 물어볼 수 있습니다. **"What should I do if [OOO]?"** 이라는 패턴은 여행 중 발생할 수 있는 다양한 상황에 대비할 수 있게 해줍니다. 특히 화재, 도난, 사고 등과 같은 위급 상황에서는 빠르고 정확한 대응이 생명을 구하는 데 결정적인 역할을 할 수 있습니다. 따라서, 이 패턴은 위급 상황 대처 능력을 향상시키는 데 도움이 됩니다.

What should I do if there's a fire **?**

불이 났을 때 어떻게 해야 하나요?

이런 어휘를 사용할 수 있어요.

- there's a power outage
  정전이 됐을 때
- there's a gas leak
  가스가 샜을 때
- there's a burglary
  도둑이 들었을 때
- there's a flood
  홍수가 났을 때
- there's an earthquake
  지진이 났을 때
- I get lost
  길을 잃었을 때
- I'm injured
  다쳤을 때
- there's a medical emergency
  의료 긴급 상황이 발생했을 때
- there's a thunderstorm
  천둥번개가 치면
- there's a tsunami
  쓰나미가 왔을 때

이렇게도 말할 수 있어요.

이렇게 말해요

대화문 1

What should I do if there's a ***fire***?

불이 났을 때 어떻게 해야 하나요?

Stay low, ***exit*** the building immediately, and call the fire department.

낮게 숙이고, 즉시 건물을 빠져나오세요. 그리고 소방서에 신고하세요.

대화문 2

Fire! Call the ***fire department*** right away!

불이야! 즉시 소방서에 전화해주세요.

I've called for help. Please ***evacuate*** the building ***safely***.

도움을 요청했습니다. 안전하게 건물을 대피하세요.

대화문 3

There's a fire in the building. We need ***help***!

건물에 불이 났어요. 도와주세요!

Call the fire department ***immediately*** and evacuate the ***building***.

즉시 소방서에 신고하고 건물을 대피하세요.

이렇게 들어요

긴급 상황

단어

fire (n) 불 | exit (v) 빠져나오다 | fire department (n) 소방서 | evacuate (v) 대피하다 | safely (adv.) 안전하게 | help (n) 도움 | immediately (adv.) 즉시 | building (n) 건물

06. 자연재해

오늘의 패턴을 확인해보세요

이 패턴을 사용하면, 긴급 상황에서 필요한 장소의 위치를 요청할 수 있습니다. **"Where is the nearest [OOO]?"** 이라는 패턴은 위급한 상황에서 비상구나 탈출구와 같이 필요한 곳을 파악하는데 매우 유용합니다. 특히 자연재해나 긴급 상황에서는 빠르고 명확한 행동 지침이 중요하기 때문에 이 패턴은 상황을 효과적으로 대응하는 데 필수적입니다.

Where is the nearest storm shelter **?**

가장 가까운 폭풍 대피소는 어디인가요?

이런 어휘를 사용할 수 있어요.

- emergency exit
  비상구
- fire department
  소방서
- fire escape
  화재 탈출구
- police station
  경찰서
- hospital
  병원
- pharmacy
  약국
- embassy
  대사관
- help center
  지원 센터
- consulate
  영사관
- emergency medical service center
  응급 의료 서비스 센터

이렇게도 말할 수 있어요.

대화문 1

이렇게 말해요

There's an ***earthquake***. We need to ***evacuate***.

지진이 발생했어요. 대피해야 합니다.

Quick, let's move to an ***open area*** away from buildings.

빨리, 건물에서 떨어진 개방된 곳으로 이동합시다.

대화문 2

Is there a ***natural disaster*** or emergency situation?

자연재해나 긴급 상황이 발생했나요?

Yes, there's a ***flood warning*** in effect.
Please stay safe and follow ***evacuation orders***.

네, 홍수 경보가 발령되었습니다.
안전을 유지하시고 대피 지침을 따르세요.

대화문 3

What should we do in case of a natural disaster?

자연재해가 발생했을 때 어떻게 해야 하나요?

Stay informed about ***emergency alerts***, have an evacuation plan, and prepare an ***emergency kit***.

비상경보를 주시하고 대피 계획을 갖고, 비상용품을 준비하세요.

이렇게 들어요

긴급 상황

단어

earthquake ⓝ 지진 | evacuate ⓥ 대피하다 | open area ⓝ 개방된 곳 | natural disaster ⓝ 자연재해 | flood warning ⓝ 홍수 경보 | evacuation order ⓝ 대피 지침 | emergency alert ⓝ 비상경보 | emergency kit ⓝ 비상용품

07. 의료 긴급 상황

오늘의 패턴을 확인해보세요

이 패턴을 사용하면, 본인의 필요를 명확히 전달할 수 있습니다. **"I need to go to [OOO]."**는 사람들이 당장 행동을 취해야 할 때 자주 사용하는 표현입니다. 특히 의료 긴급 상황에서는 해당 패턴이 필수적입니다. 병원이나 응급실 등 특정 장소에 가야 할 필요성을 나타낼 때 이 패턴을 사용하면 쉽게 상황을 전달할 수 있습니다. 따라서, 이 패턴은 본인의 의료적 필요를 빠르고 명확하게 전달하는 데 도움이 됩니다.

I need to go to the dentist **.**

치과에 가야 해요.

이런 어휘를 사용할 수 있어요.

the pharmacy 약국	the hospital 병원
the medical center 의료 센터	the medical facility 의료 시설
the healthcare center 보건 센터	the clinic 의원
the urgent care clinic 응급 치료 병원	the emergency room 응급실
the doctor 의사에게	the specialist 전문의에게

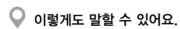

이렇게도 말할 수 있어요.

이렇게 말해요

대화문 1

I need to go to the ***emergency room***.

응급실에 가야 합니다.

I'll ***call*** for ***medical assistance*** right away.

당장 의료 지원을 요청하겠습니다.

대화문 2

I need ***urgent*** medical ***help***. Is there a ***hospital*** nearby?

긴급한 의료 도움이 필요해요. 근처에 병원이 있나요?

Yes, there's a hospital just two blocks away.
I'll call for an ***ambulance***.

네, 두 블록 떨어진 곳에 병원이 있어요.
구급차를 호출하겠습니다.

이렇게 들어요

대화문 3

Please call an ambulance! It's a ***medical emergency***.

구급차를 호출해주세요! 의료 긴급 상황이에요.

I'll call for help right away!

곧 도와드리겠습니다!

단어

emergency room ⓝ 응급실 | call ⓥ 부르다, 요청하다 | medical assistance ⓝ 의료 지원 | help ⓝ 도움 | urgent adj. 긴급한 | hospital ⓝ 병원 | ambulance ⓝ 구급차 | medical emergency ⓝ 의료 응급 상황

긴급 상황

08. 도움 요청

오늘의 패턴을 확인해보세요

이 패턴을 사용하면, 다른 사람들에게 특정 상황에서 도움을 청하는 데 유용합니다. **"Could you give me [OOO]?"** 패턴은 길을 알려달라거나 휴대폰을 빌려달라는 등의 도움을 요청할 때 사용할 수 있습니다. 이 패턴을 알고 있으면, 도움이 필요한 상황에서 적극적이고 자연스러운 대화를 이끌 수 있습니다. 따라서, 이 패턴은 여행 중 도움을 요청하는 다양한 상황을 대처하는 데 큰 도움이 됩니다.

Could you give me a hand with this **?**

이것 좀 도와주실 수 있나요?

이런 어휘를 사용할 수 있어요.

directions
길을 알려

a first aid kit
구급 상자

some water
물 좀

your phone
휴대폰을 빌려

an ambulance number
구급차 번호를 알려

a blanket
담요

some food
음식 좀

some medicine
약 좀

a mask
마스크

a whistle
호루라기

이렇게도 말할 수 있어요.

대화문 1

이렇게 말해요

Could you give me a ***hand*** with this?

이것 좀 도와주실 수 있나요?

Of course, I'll be right there to ***assist*** you.

물론, 곧 도와드리겠습니다.

대화문 2

Excuse me, I ***need help***. Can you assist me?

실례합니다. 도움이 필요해요. 도와주실 수 있나요?

Of course, what do you need help with?

물론이죠. 무엇을 도와드릴까요?

대화문 3

이렇게 들어요

Is there ***anyone*** who can help me with this ***situation***?

이 상황에 도와줄 수 있는 사람이 있나요?

I'll ***find*** someone to assist you ***right away***.

곧 도와줄 사람을 찾겠습니다.

단어

hand (n) 도움, 손 | assist (v) 돕다 | need (v) 필요하다 | help (n) 도움 | anyone (n) 누구든지 | situation (n) 상황 | find (v) 찾다 | right away (adv.) 곧, 즉시

긴급 상황

09. 교통사고

오늘의 패턴을 확인해보세요

이 패턴을 사용하면, 긴급한 상황에서 필요한 사람이나 서비스에 즉시 연락할 수 있습니다. **"I need to call [OOO]."** 문장은 교통사고와 같은 상황에서 특히 중요합니다. 여행 중에도 예기치 못한 사건이 발생할 수 있으므로, 이러한 표현을 알고 있으면 즉각적으로 대응할 수 있게 됩니다. 따라서, 이 패턴은 긴급한 상황에 효과적으로 대응하기 위한 필수 문장이 될 것입니다.

I need to call emergency services **.**

응급 서비스를 요청해야 합니다.

이런 어휘를 사용할 수 있어요.

medical assistance
의료 지원

a police officer
경찰관

an ambulance
구급차

a tow truck
견인차

roadside assistance
도로 구조 지원

a taxi
택시

a witness statement
증인 진술

someone to pick me up
나를 태우러 오라고 누군가에게

a car rental company
렌터카 회사

insurance information
보험 정보

이렇게도 말할 수 있어요.

이렇게 말해요

대화문 1

I need to ***call emergency services***.

응급 서비스를 요청해야 합니다.

Don't worry, I'll call for help right away.

걱정하지 마세요. 바로 도움을 요청하겠습니다.

대화문 2

I am in a ***traffic accident***. Call for ***help***, please!

교통사고가 났어요. 좀 도와주세요!

Don't ***worry***, I'll call for help ***immediately***.

걱정 마세요. 즉시 도움을 요청하겠습니다.

이렇게 들어요

대화문 3

There's been a ***car accident***. We need immediate assistance.

차량 사고가 발생했어요. 즉시 도움이 필요해요.

I'll call for help right away.

바로 도움을 요청하겠습니다.

단어

call (v) 부르다, 요청하다 | emergency service (n) 응급 서비스 | traffic accident (n) 교통사고 | help (n) 도움 | worry (v) 걱정하다 | immediately (adv.) 즉시 | car accident (n) 차량 사고

긴급 상황

10. 사고 신고

오늘의 패턴을 확인해보세요

이 패턴을 사용하면, 당신이 무언가를 잃어버렸을 때 이를 신고하는 데 유용하게 활용할 수 있습니다. **"I've lost my [OOO]."** 패턴은 여행 중에 자주 발생하는 문제, 즉 물건을 잃어버렸을 때 사용할 수 있습니다. 이는 여권, 지갑, 카메라 등의 소중한 개인 물품을 잃어버렸을 때 특히 유용합니다. 이 패턴을 통해 다른 사람이나 관련 기관에 신속하게 문제를 알리고 도움을 청할 수 있습니다. 따라서 이 패턴을 알고 있으면 여행 중 발생할 수 있는 불편한 상황을 조금 더 빠르게 해결할 수 있습니다.

I've lost my [earrings] **.**

귀걸이를 잃어버렸어요.

이런 어휘를 사용할 수 있어요.

passport 여권	luggage 수하물
wallet 지갑	car key 차 키
mobile phone 휴대폰	camera 카메라
credit card 신용카드	glasses 안경
watch 시계	backpack 백팩

이렇게도 말할 수 있어요.

대화문 1

이렇게 말해요

I've ***lost*** my ***passport***.

제 여권을 잃어버렸어요.

Let's ***report*** it to the ***authorities*** immediately.

당장 해당 관청에 신고합시다.

대화문 2

I need to report an ***accident***. Can you call the police?

사고를 신고해야 해요. 경찰에 전화해 주실래요?

Of course, I'll call the ***police*** right away.

물론이죠, 즉시 경찰에 전화하겠습니다.

대화문 3

이렇게 들어요

There's been an accident.
Please ***contact*** the authorities ***immediately***.

사고가 발생했어요. 즉시 해당 관청에 연락해주세요.

Sure! I'll call the authorities right away.

네! 즉시 해당 관청에 연락하겠습니다.

단어

lost (adj.) 잃어버린 | passport (n) 여권 | report (v) 신고하다 | authorities (n) 해당 관청 | accident (n) 사고 | police (n) 경찰 | contact (v) 연락하다 | immediately (adv.) 즉시

[01~10] 앞서 배운 패턴을 이용하여, 빈 칸을 채워 문장을 완성해보세요.

01. 도와주세요! 긴급한 상황입니다!

Help! ____________________ an urgent situation!

02. 근처에 병원이나 의원이 있나요?

__________ a hospital or clinic __________ ?

03. 제 물건을 도둑 맞았어요!

__________ belongings __________ stolen!

04. 등산객이 실종됐어요.

The hiker ____________________ .

05. 불이 났을 때 어떻게 해야 하나요?

____________________ there's a fire?

정답

01. It's
02. Is there / nearby
03. My / have been
04. is missing
05. What should I do if

06. 가장 가까운 폭풍 대피소는 어디인가요?

________________ **storm shelter?**

07. 치과에 가야 해요.

________________ **the dentist.**

08. 이것 좀 도와주실 수 있나요?

________________ **a hand with this?**

09. 응급 서비스를 요청해야 합니다.

________________ **emergency services.**

10. 귀걸이를 잃어버렸어요.

________________ **earrings.**

정답

06. Where is the nearest
07. I need to go to
08. Could you give me
09. I need to call
10. I've lost my

MEMO

MEMO

하루 3번

여행영어

3단계

3분간 집중!